„Dieser Mann hat mich ruiniert“
Ibiza-Video: Strache enthüllt
Verantwortlichen

Die besten Tagespresse-Meldungen
6. Band

DiETAGESPRESSE

„Dieser Mann hat mich ruiniert“

Ibiza-Video: Strache enthüllt Verantwortlichen

Die besten Tagespresse-Meldungen

6. Band

Residenz Verlag

Hinweis
DIE**TAGESPRESSE** ist ein österreichisches Satiremagazin. Ausnahmslos alle Artikel sind frei erfunden. Im Regelfall werden nur Personen, die in der Öffentlichkeit stehen, beim Namen genannt. Alle anderen Namen sind frei erfunden. Eventuelle Namensgleichheiten mit Privatpersonen sind rein zufällig.

Bibliografische Information der Deutschen Nationalbibliothek
Die Deutsche Nationalbibliothek verzeichnet diese Publikation in der Deutschen Nationalbibliografie; detaillierte bibliografische Daten sind im Internet über http://dnb.dnb.de abrufbar.

www.residenzverlag.at

Umschlaggestaltung und grafische Gestaltung/Satz:
Joe P. Wannerer – BoutiqueBrutal.com
Umschlagbilder: Andy Wenzel/BKA, Montage /
Depositphotos, soccer.ru, Montage / Die Tagespresse / Depositphotos
Schrift: Utopia
Lektorat: Maria-Christine Leitgeb
Gesamtherstellung: POS Material, Book Print, Manfred Kleisel,
Mautern/Donau, Wien

ISBN 978 3 7017 3496 2

Vorwort

Sehr geehrte Leserinnen,
sehr geehrte Leser,

wir blicken auf ein politisch extrem langweiliges Jahr ohne irgendwelche besonderen Vorkommnisse zurück. Nichts hat überrascht, denn alles hat sich wiederholt: Die FPÖ geht nach einer Regierungsbeteiligung an sich selbst zugrunde, die ÖVP profitiert, und die SPÖ feiert ihre x-te Krise.

Als seriöse Huren begleiteten wir dieses Jahr der öden Fadesse dennoch mit der gewohnten Sorgfalt und berichteten von Straches Urlaubsvideo aus Ibiza, Kurz' zweiter erfolgreich gesprengten Regierung, dem seit Jahren laufenden Bürgerkrieg in der Löwelstraße, von halben Feiertagen, einem ganzen Rauchverbot und der völligen Brexit-Misere.

Worauf warten Sie? Zack, zack, zack, schreddern Sie alle Bedenken, kaufen Sie dieses Buch mit Ihrem Spesenkonto und behalten Sie das Jahr 2019 damit für ewige Zeit in Erinnerung!

Herzlichst,
die Redaktion

„Er schreit die ganze Nacht": Baby mit Strache schwer überfordert

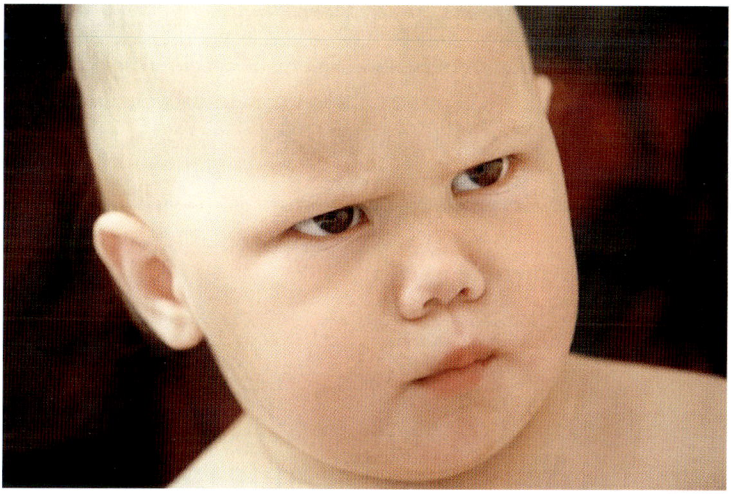

Foto: Depositphotos

Groß war die Freude im Hause Strache über die Geburt des Sohnes. Doch das Familienidyll ist mittlerweile der ernüchternden Realität gewichen: Das Baby ist mit Vater Heinz-Christian schwer überfordert, denn dieser schreit nächtelang durch und gibt einfach keine Ruhe.

WIEN – Kaum ein Auge konnte das Baby seit seiner Geburt schließen, denn immerzu schreit Heinz-Christian, weil er mit Falschmeldungen über Asylwerber und die Caritas gefüttert werden will. Auch soll HC dem Vernehmen nach Tag für Tag „unvorstellbare Mengen braune Scheiße" ausstoßen und stets lautstark nach mehr Babypuder verlangen.

Einen Schnuller verweigert der FP-Chef rigoros. „Das Einzige, das ihn kurz beruhigt, ist, wenn man ihm eine Marlboro in den Mund steckt. Dann nuckelt er genüsslich zwei Minuten daran, macht ein braunes Bäuerchen und schläft ein", schildert uns die Hebamme, die die Familie im Wochenbett betreut.

Entlastung ist für die gestresste Familie derzeit nicht in Sicht. In die Krabbelstube will HC nicht mehr gehen, da die anderen Kinder nicht mit ihm Paintball im Schützengraben spielen wollen. Das Babyfon hat Strache zertrümmert, weil er es für eine feindliche Abhörwanze gehalten hat.

Jugendamt wachsam

Vonseiten des Jugendamts heißt es, man beobachte die Situation. Sollte sich die Lage nicht bessern, will man mit dem Erziehungsberechtigten von Strache ein ernstes Wort reden und Herbert Kickl ins Büro zitieren.

Der Stress scheint seinen Tribut zu fordern: Gegen Redaktionsschluss beobachteten Nachbarn, wie das Baby das Haus verließ, um „nur mal kurz Zigaretten zu holen".

LEBEN 7. Januar 2019

Schneechaos: Bevölkerung muss marodes Bundesheer aus Kasernen befreien

Foto: Bundesheer/Flickr

Nach den großen Neuschneemengen am Wochenende sind mehrere österreichische Kasernen von der Außenwelt abgeschnitten. Das Bundesheer bittet die Bevölkerung um rasche Hilfe, um das Schneechaos zu bewältigen.

Die Lage ist dramatisch. Tausende Soldaten und Rekruten sind seit Freitag in ihren Kasernen eingeschneit. Die prekäre Situation verdeutlicht den desolaten Zustand des österreichischen Militärs.

Die Hilferufe konnten erst heute früh abgeschickt werden, da die 56k-Modems am Wochenende zum Schaufeln benötigt worden sind. Die wenigen vorhandenen Schneeschaufeln stammen aus der Konkursmasse einer kenianischen Straßenmeisterei. Die Streusalzreserven sind aus budgetären Gründen längst in die Gulaschkanonen gewandert.

Abhärtung für Rekruten

Die humanitäre Lage in den Kasernen ist angespannt. Nachdem die Versorgung von außen nicht mehr möglich ist, müssen Rekruten mit einer eisernen Notration von sieben Bier und zehn Zigaretten pro Tag auskommen. Die bangen Stunden des Wartens vertreiben sich die jungen Männer, indem sie sich, wie gewohnt, ins Gesicht schreien lassen.

„Einmal mehr trifft es die Schwächsten in der Gesellschaft. Die, die sich nicht wehren können", zeigt sich Rotes-Kreuz-Einsatzleiter Mario Lenitz bestürzt. Er händigt einigen hundert hilfswilligen Bewohnern eines Seniorenheimes, die nicht mehr länger zusehen wollen, Schneeschaufeln aus.

Budgeterhöhung?

Verteidigungsminister Mario Kunasek sieht sich angesichts des Chaos in seiner Forderung um eine Budgeterhöhung bestätigt. In seiner momentanen Verfassung sei das Heer unmöglich in der Lage, in absehbarer Zeit Land in Nordafrika einzunehmen.

60-Jahr-Jubiläum: Asterix & Obelix besuchen Österreich

Foto: Dargaud/Montage

Asterix und Obelix feiern ihr sechzigjähriges Jubiläum mit einer eigenen Ausgabe. Diesmal statten sie Österreich einen Besuch ab. DiETAGESPRESSE bekam vorab einen ersten Einblick.

Seite 1
Asterix und Obelix befinden sich eigentlich auf dem Heimweg aus Syrien (siehe „Asterix & Obelix schließen sich dem IS an"). Auf der Balkanroute begegnet ihnen eine Legion grüner, besoffener Männchen mit starker Akne. Sie bezeichnen sich als Grundwehrdiener, die dem wilden Volke der Schluchtenscheißer angehören, und nehmen die gesamte Gallische Kompanie gefangen.

Seite 4
Wer pocht denn da mitten in der Nacht gegen das Tor des Druiden Miraculix? „Beim Teutates und beim Odin und beim Wotan gleich dazu! Hui, hui, los, aufmachen!", brüllt der Dorfkaspar HC Keinneonazinix. „Gib mir deinen Zaubertrank! Aber diesmal den ganz harten Stoff!"

Obelix eilt herbei und kann den Übeltäter gerade noch vertreiben, indem er ihm einen Gedenkhinkelstein aus Mauthausen mitten auf die freche Birne knallt.

Seite 13
Asterix wacht benommen und ohne Erinnerung in einem Keller in Amstetten auf. Was ist passiert? Vergeblich wartet der kleine Gallier auf Rettung. Nach 16 Jahren gelingt ihm schließlich die Flucht durch einen kleinen Tunnel. Leider endet der Tunnel bei einer anderen Kellerfamilie.

Seite 22
Unterdessen: Aufregung in Rom! Der große Julius „Django" Cäsar ist tot. Er wurde von seinem engsten Gefährten hinterlistig in den Rücken gestochen. „Auch du, mein Sohn Basti?", sind die letzten Worte des römischen Kaisers. Der Täter Sebastian Ichsagnix übernimmt den kaiserlichen Thron.

Seite 28
Der vom römischen Schnee aufgezuckerte Barde Andreas Troubadix spielt am Dorfplatz seinen Hit „Hulapalix" und wettert gegen linke Medien, Schwule und Frauen.

Falbala, die in der gallischen Stadt Condate Politikwissenschaft studiert hat, überwältigt Troubadix und hängt ihn gemeinsam mit dem solidarischen Dorfschmied Automatix an seinen Hoden auf.

Seite 31
Der psychopathische Turbokapitalist Didi Matenix entführt den Druiden Miraculix und hält ihn im Hangar 7 von Servus TV gefangen. Unter Androhung eines Interviews mit Verbal-Folterknecht Michael Fleischhacker will er das Geheimrezept erpressen, um den Zaubertrank dann mit extrem viel Zucker anzureichern, in Aludosen abzufüllen und global zu vermarkten. Asterix gelingt es, Miraculix zu befreien, indem er sich als Martin Sellner verkleidet und gemütlich am roten Teppich unter Publikumsapplaus ins Studio spaziert.

Seite 36
Asterix und Obelix wollen ein Wildschwein-Foodora gründen. Alles, was sie für die Eintragung ihres Start-ups ins Firmenbuch brauchen, ist der Gewerbeschein A 38, den es im Bezirksmagistrat Meidling gibt.

Doch der Beamte erklärt ihnen, für den Gewerbeschein benötigten sie zuerst die Betriebsanlagengenehmigung B 65, und schickt sie zum Marktamt. Nach einem ewigen Hin und Her gelingt es Asterix schließlich, die Bürokratie mit ihren eigenen Waffen zu schlagen: Er zückt ein rotes Parteibuch, vor dem die Beamten ehrfürchtig in die Knie gehen.

Seite 41
Der hungrige Obelix betritt das Steirereck. „Mhmm, jetzt schlag ich mir ordentlich den Bauch voll mit Tartar vom Wildschwein an Limettenschaum mit getrüffeltem Wachtelei!"

Zwanzig Minuten später serviert der Wirt eine Teelöffel-große Portion sowie die Rechnung. „Akzeptieren Sie auch Visa oder Gnackwatschn?", lächelt Obelix und weiß, was jetzt gleich kommen wird.

Seite 44
Bei einem Ausflug in den Prater von Vindobona ist Asterix plötzlich verschwunden. Nach einer verzweifelten Suche findet Obelix Asterix vor einem Automaten im Novomatix Casino. „Beim Teutates! Die Glücksgöttin Glawischnix war mir nicht hold!", jammert Asterix verzweifelt und gesteht, alle Sesterzen aus der Reisekasse verspielt zu haben. Um weiterspielen zu können, verkauft er seine linke Niere am Mexikoplatz.

Damit kein Wiener mehr bis Mittag schläft: Kurz aktiviert um sieben Uhr früh Zivilschutzalarm

Foto: Die Tagespresse

Lange genug sind die Wiener auf der faulen Haut gelegen. Ab sofort heißt es auch für sie: an die Arbeit! Damit niemand mehr in der Bundeshauptstadt bis Mittag schläft, ließ es sich Sebastian Kurz heute nicht nehmen, persönlich um sieben Uhr früh den Zivilschutzalarm zu aktivieren.

„Der frühe Vogel fängt den Wurm. An die Fließbänder, los los los!", lacht Kurz, während er den Knopf drückt. Alle 8000 Sirenen in Wien heulen gleichzeitig los und reißen zwei Millionen arbeitsfaule Wiener aus ihrem Schlaf in der sozialen Hängematte. Kurz ist entschlossen: „Schluss mit ‚Nix Deutsch'! Die Sprache der Sirene versteht jeder."

Wiener verwirrt

Unter der Wiener Bevölkerung sorgte die Maßnahme für Verwirrung, Chaos und Ärger. „Was soll dieser Lärm mitten in der Nacht?", fragt der Langzeitarbeitslose Johann Gudenus, der heute zum ersten Mal seit Jahren vor zwölf Uhr mittags das Bett verlässt. „Na gut, na gut.

Dann reiß ich mich heute halt am Riemen und gehe schon um sieben Uhr früh zur Heilheilmassage."

Auch andere sind motiviert: „Wow! Das habe ich echt gebraucht", sagt ein Mindestsicherungsempfänger aus Favoriten. „Ich habe beschlossen, nicht mehr arm zu sein. Ich gehe jetzt sofort zum Magistrat und registriere mein Risikokapital-finanziertes Fintech-Startup und disrupte die Blockchain-Industry!"

Langschläfer haben keine Chance. In der ÖVP-Privatdatenbank wird mithilfe von BVT-Informanten minutiös festgehalten, wer pünktlich um 7:30 Uhr bei der Arbeit oder dem AMS erscheint, und wer säumig ist. Notorischen Drückebergern droht im schlimmsten Fall ein Meet&Greet mit Gernot Blümel im Dots.

Ausbau

Aufgrund seiner leistungssteigernden Wirkung soll der Sirenenweckruf nun zum täglichen Ritual in der Bundeshauptstadt werden. Ab Montag werden die Sirenen bereits um fünf Uhr erschallen. Bevor sie ihr Tagwerk beginnen, müssen sich alle Wiener zur verpflichtenden Morgengymnastik vor der großen Sebastian-Kurz-Statue am Raiffeisen-Platz einfinden.

Essverbot: Wiener dürfen nachmittags nicht mehr in U-Bahn frühstücken

Foto: Wiener Linien / Thomas Jantzen

Ab sofort gilt in den Wiener U-Bahnen generelles Essverbot. Die Wiener Bevölkerung ist zornig, denn wo soll sie jetzt um 15 Uhr gemütlich das Frühstück zu sich nehmen?

U6 – Das Essverbot in den U-Bahnen trifft die Bevölkerung hart. „Wo soll ich jetzt frühstücken, wenn ich mich um 15 Uhr aus dem Bett rolle und in die U-Bahn schleife?“, murmelt der Wiener Andreas Pigl (42) und reibt sich seine verschlafenen Augen.

„Wie der Bundeskanzler Ihnen sicher schon erklärt hat, klappere ich ja wie jeder andere Wiener auch nachmittags restfett quer durch die Bezirke alle AMS-Stellen ab. Irgendwie muss ich ja auf meine Notstandshilfe von 183 000 im Monat kommen, damit ich mir meine Haschgiftspritzen leisten kann, und die 38 tschetschenischen Patenkinder, die ich durchfüttere.“

Nicht alle betroffen

Besonders kritisiert wird, dass das Essverbot nur Nutzer der Öffis trifft. „Wer mit dem Auto pendelt, kann am Weg in die Arbeit weiter gemütlich am Steuer frühstücken und seine zwei, drei Packl Tschick mampfen!", zürnt ein U-Bahn-Fahrgast.

Bundeskanzler Sebastian Kurz, der die Stadt Wien vor Kurzem noch heftig kritisiert hat, hält sich diesmal zurück: „Ich kann beim Thema Essverbot in der U-Bahn nicht mitreden. Ich esse nicht, ich lasse essen. Bitte fragen Sie gerne meinen Butler da drüben."

Negative Folgen

Das Essverbot sorgt nicht bei allen für Freude. Laut Wiener Rettung sind bereits mehrere Pendler aus der Seestadt bei ihrer langen, beschwerlichen Reise in die Zivilisation qualvoll verhungert.

WELT 16. Januar 2019

Die WhatsApp-Chats zwischen Großbritannien und der EU

Foto: Die Tagespresse

Auseinandergehen ist schwer. Aber Großbritannien und die EU wissen das zu sehr. DIETAGESPRESSE bekam ein EU-Smartphone in die Hände und zeigt die darauf gefundenen WhatsApp-Chats zwischen London und Brüssel.

Juni 2016

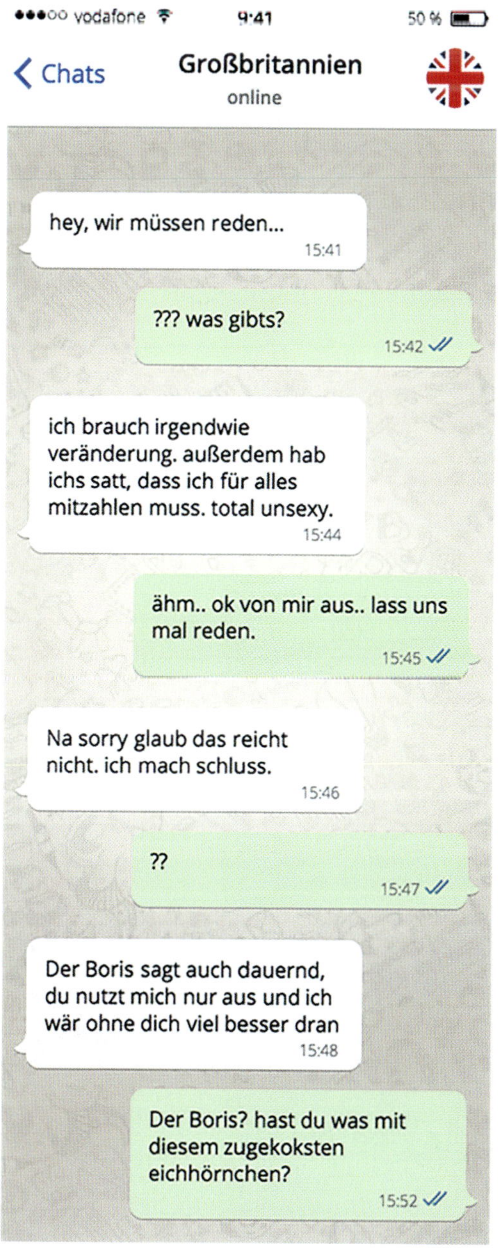

●●●○○ vodafone
9:41
50 %
Chats
Großbritannien
online
hey, wir müssen reden...
15:41
??? was gibts?
15:42
ich brauch irgendwie veränderung. außerdem hab ichs satt, dass ich für alles mitzahlen muss. total unsexy.
15:44
ähm.. ok von mir aus.. lass uns mal reden.
15:45
Na sorry glaub das reicht nicht. ich mach schluss.
15:46
??
15:47
Der Boris sagt auch dauernd, du nutzt mich nur aus und ich wär ohne dich viel besser dran
15:48
Der Boris? hast du was mit diesem zugekoksten eichhörnchen?
15:52

nein hab ich nicht. aber wir können ja freunde bleiben. ich würde übrigens gerne weiterhin gratis in unserer wohnung wohnen
15:53
sorry das geht nicht.
15:54
WIE DAS GEHT NICHT? BIST ANGRENNT?
15:55
Nein, du musst mitzahlen
15:56
WENN DU DAS WIRKLICH MACHST, DANN....
15:57
dann..?
15:57
ZIEH ICH AUS!
15:58
ok
15:58
ICH MEINS ERNST. WIRST SCHON SEHEN. ICH NEHM MEINE SACHEN UND ZIEH AUS.
15:59
vergiss dein grindiges essen im kühlschrank ned.
15:59

Jänner 2019

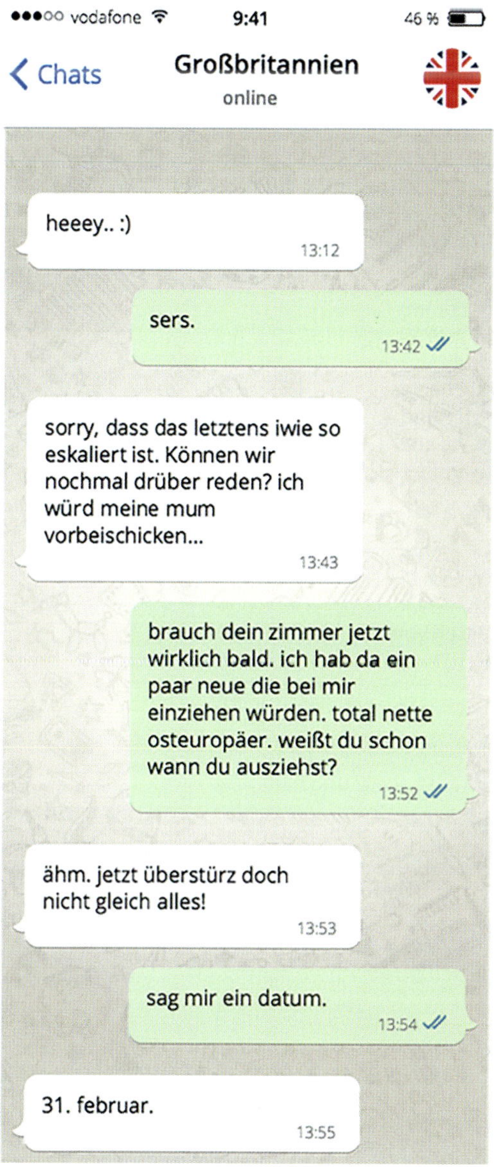

●●●○○ vodafone
9:41
46 %
Chats
Großbritannien
online
heeey.. :)
13:12
sers.
13:42
sorry, dass das letztens iwie so eskaliert ist. Können wir nochmal drüber reden? ich würd meine mum vorbeischicken...
13:43
brauch dein zimmer jetzt wirklich bald. ich hab da ein paar neue die bei mir einziehen würden. total nette osteuropäer. weißt du schon wann du ausziehst?
13:52
ähm. jetzt überstürz doch nicht gleich alles!
13:53
sag mir ein datum.
13:54
31. februar.
13:55

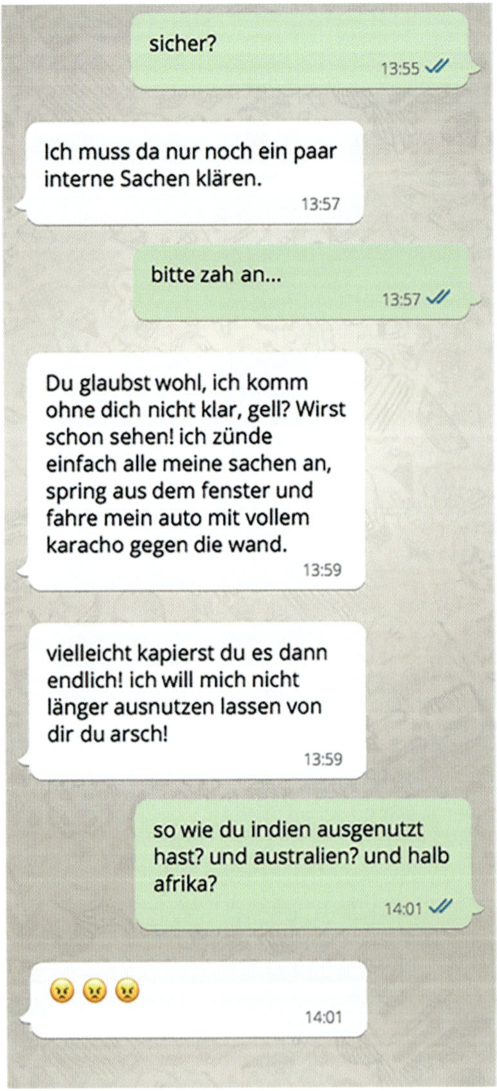
sicher?
13:55
Ich muss da nur noch ein paar interne Sachen klären.
13:57
bitte zah an...
13:57
Du glaubst wohl, ich komm ohne dich nicht klar, gell? Wirst schon sehen! ich zünde einfach alle meine sachen an, spring aus dem fenster und fahre mein auto mit vollem karacho gegen die wand.
13:59
vielleicht kapierst du es dann endlich! ich will mich nicht länger ausnutzen lassen von dir du arsch!
13:59
so wie du indien ausgenutzt hast? und australien? und halb afrika?
14:01
14:01

In der folgenden Nacht

May verzweifelt: „Austritt aus EU fast so schwierig wie Austritt aus A1-Handyvertrag"

Foto: Screenshot/YouTube, Montage

Die britische Premierministerin Theresa May ist Insidern zufolge am Rande des Wahnsinns. Der Brexit gestaltet sich beinahe so kompliziert wie eine Kündigung bei A1. Doch May will weiterkämpfen.

LONDON – Obwohl die Lage hoffnungslos scheint, verliert Theresa May ihren Kämpferwillen nicht. Sie will weiter an einem geordneten Brexit arbeiten. „Ich habe es 2016 ja auch geschafft, meinen Handyvertrag bei A1 zu kündigen. Die Verhandlungen haben damals auch sieben Jahre lang gedauert, in denen ich durchgehend mit der Kundenhotline verbunden war und mich brutal drangsalieren lassen musste", erklärt die britische Premierministerin.

EU bleibt hart

Kommissionspräsident Jean-Claude Juncker versteht May, betont aber, dass ihm vertraglich die Hände gebunden sind: „Anscheinend haben die Briten 1973 nur die ersten 140 Zeichen des EU-Prepaid-Vertrags gelesen. Man hätte halt die 600-seitigen Geschäftsbedingungen nicht vorschnell durch Klicken des Gelesen-Buttons akzeptieren sollen."

A1 verteidigt sich

Der A1-Pressesprecher Christoph Gebert versteht die Aufregung nicht. „Das weiß doch jeder: Ein Handyvertrag ist halt wie ein Ehevertrag. Nur dass man dabei nicht am Anfang, sondern am Ende gefickt wird."

Gebert verteidigt das Austrittsprozedere: „Unsere Verträge müssen kompliziert sein. Genau wie die EU ist auch A1 ein historisches Friedensprojekt, das geschaffen wurde, damit Millionen Menschen ihr Geld zum Wohle von Großkonzernen ausgeben."

POLITIK 18. Januar 2019

„Lässt mich wie ein Trottel dastehen": Strache klagt sich selbst wegen Rufschädigung

Foto: Tagespresse, Montage

Nach seinem peinlichen Auftritt vor Gericht hat Vizekanzler Heinz-Christian Strache die Nase voll. Er reichte heute beim Wiener Handelsgericht eine Klage wegen Rufschädigung gegen sich selbst ein. Strache fordert einen fünfstelligen Betrag als Schadensersatz. Experten rechnen dem FPÖ-Chef gute Chancen aus.

WIEN – „Jetzt reicht es mir aber mit mir!“, schreit Strache im Gang des Gerichts seine Spiegelreflexion auf einer Glastür an. Nachdem Strache zugeben musste, dass ein Foto von ihm mit Identitären doch echt ist, fordert er Konsequenzen.

„Wie peinlich bin ich eigentlich? Nur drei Bier bestellt! Nur Paintball gespielt! Wanze in meinem Büro! Wer soll diese Scheiße denn glauben, die ich da ständig verzapfe!?“

Krieg gegen sich selbst

Psychologen vermuten bei Strache mehrere multiple Persönlichkeiten, wie Prof. Andreas Milchrahm erklärt: „In seinem Unterbewusstsein herrscht Krieg. Sein Zahntechniker-Ich kämpft mit dem Identitären-Ich, dem Küssel-Ich, dem Volksgarten-Ich, dem Russen-Ich und dem Pinocchio-Ich um die Vorherrschaft.“

Normalerweise, so Milchrahm, werden derartige Störungen durch jahrelangen Drogenmissbrauch verursacht. „Wie so etwas allerdings bei einem so sportlichen, gesunden Menschen wie Herrn Strache auftreten kann, ist mir ein Rätsel.“

Haartest

Mit einem Haartest will Strache vor Gericht beweisen, dass ihm sein eigenes Verhalten mittlerweile so peinlich ist, dass seine Haare sogar freiwillig ausfallen, um sich von dem Kopf, auf dem sie wachsen, zu distanzieren. Seine Haare führen derzeit einen separaten Prozess gegen Strache, da sie behaupten, jemand hätte sie auf allen Fotos von Strache reinmontiert.

Vergleich

Gegen Redaktionsschluss deuten die Zeichen auf einen außergerichtlichen Vergleich hin. Straches Anwalt Michael Rami handelt im Namen seines Mandanten mit dem Angeklagten derzeit eine Kiste grönländischen Wein aus. Bedingung: „Mandant H wird ab sofort nichts mehr mit Mandant C zu tun haben.“

Stellt Rechtsstaat infrage: Behörden fahnden nach diesem Staatsverweigerer

Foto: Roland Schlager / APA / picturedesk.com

Er stellt öffentlich den Rechtsstaat infrage und attackiert die Verfassung. Langsam zieht sich jedoch die Schlinge um den radikalen Staatsverweigerer Herbert K. enger. Die Behörden schreiben ihn jetzt zur Fahndung aus und bitten die Bevölkerung um Hilfe.

Der Hochverratsprozess gegen die Staatsverweigerer in Graz war erst der Anfang. Die Justiz knöpft sich jetzt Herbert K., den spirituellen Anführer der Bewegung, vor.

In verstörenden Videoaufnahmen träumt Herbert K. völlig abgedrehte Allmachtsfantasien von einem Rechtsstaat, der nur ihm folgt, anstatt umgekehrt. K. befindet sich noch auf freiem Fuß. Schon seit über einem Jahr soll er wiederholt Polizisten und BVT-Mitarbeiter auffordern, seinen wirren Befehlen zu folgen, um den Staat nach seinen bizarren Vorstellungen umzubauen.

Außerdem wolle er die „Österreich GmbH“ umbenennen in „Österreich nunmehr Waldhäusl AG“.

Sachdienliche Hinweise zum Aufenthaltsort von Herbert K. sind an das Bundeskriminalamt (+43(0)1-24836) zu richten.

Groteske Utopie

Als gefährlich und unberechenbar wird auch ein Mitstreiter und Anhänger von Herbert K. eingestuft: ein gewisser Johann G., der offen die Menschenrechte und den Rechtsstaat infrage stellt. Der adelige Arbeitslose und Hobby-Hellseher hat einen großen Traum: eine groteske, völkische Inzest-Utopie in einem Bierzelt mit Darkroom auf der Donauinsel.

Nur Komplex?

Doch manche warnen vor übertriebener Härte. Der Innsbrucker Psychologe Christoph Krapf erklärt das für gesunde Menschen nicht nachvollziehbare Verhalten von K.: „Das ist doch nur ein sehr kleiner Mann, der sich auch einmal groß und stark fühlen möchte." Er kennt eine bewährte Behandlungsmethode für dieses psychiatrische Krankheitsbild und empfiehlt, Herbert K. zu einem Parksheriff umzuschulen.

POLITIK 28. Januar 2019

SPÖ-Fairnessabkommen: Kein Dirty Campaigning zwischen Schieder, Rendi und Doskozil

Foto: Depositphotos, Montage

Schluss mit der Schlammschlacht! Die verfeindeten SPÖ-Fraktionen wollen im EU-Wahlkampf die Waffen niederlegen. Andreas Schieder, Pamela Rendi-Wagner und Hans Peter Doskozil verzichten auf gegenseitiges Dirty Campaigning.

Erzielt wurde die Einigung bei einem nächtlichen Treffen in einer leeren Lagerhalle am Wiener Stadtrand. Bei den Verhandlungen zwischen den fünf SPÖ-„Familien" Schieder, Blecha, Faymann, Wehsely und Kaiser galten strengste Sicherheitsvorkehrungen. „Es ist genug Blut vergossen worden", erklärte Caporegime Andreas Schieder, flankiert von mehreren schwer bewaffneten Genossen in Trenchcoats.

Zu einem bewegenden Moment kam es, als Peter Kaiser bei seiner Familienehre schwor, für den brutalen Polit-Mord an seinem Sohn Luca auf eine Vendetta zu verzichten. „Rache bringt meinen Sohn auch nicht mehr zurück an den Futtertrog." Unter dem Applaus der restlichen SPÖ-Dons fielen sich Kaiser und Thomas Drozda weinend in die Arme.

Friede hält bisher

Der Waffenstillstand wurde inzwischen auch vom Paten Michael Corleone Ludwig ratifiziert. Partei-Consigliere Christoph Matznetter will die Einhaltung in einem transparenten Bericht dokumentieren und diesen dann nicht veröffentlichen.

Bis jetzt dürfte der Waffenstillstand tatsächlich halten. Die Facebook-Seite „Die Wahrheit über Oaschloch Andi Schieder" ist bereits offline. Tal Silberstein ist seit heute beim AMS gemeldet.

Wer den Waffenstillstand bricht, dem droht die Höchststrafe: Er wird mit seinen Füßen vom „Betonierer-Blecha" in Zement gegossen und in der Löwelstraße abgeworfen, wo er dann bis an sein Lebensende SPÖ-Bundesgeschäftsführer sein muss. Als Stärkebeweis nach außen ließ die SPÖ einen abgeschnittenen Lipizzaner-Kopf im Bett von Verräterin Sonja Klima platzieren.

Offenbar nur gewinkt: Hitler hat nie einen Hitlergruß gemacht

Foto: Wikipedia

Muss die Geschichte neu geschrieben werden? Einer Analyse einer Historikerkommission zufolge hat der Ex-Politiker Adolf Hitler nie einen Hitlergruß gemacht. Stattdessen habe er nur gewinkt, um Freunde zu begrüßen. Der ehemalige Politiker wurde immer in einem ungünstigen Moment fotografiert, um ihn im Nachhinein in ein schlechtes Licht zu rücken.

Die Untersuchungen begannen, nachdem sich auch angebliche Hitlergrüße eines Burschenschafters bei einer Anti-Akademikerball-Demo sowie eines Strache-Fans beim FPÖ-Neujahrstreffen als harmloses Winken herausgestellt hatten. Auch die Winkbewegungen Hitlers wurden offenbar immer fotografisch im falschen Augenblick eingefroren und erweckten so den Eindruck eines Hitlergrußes.

Die Analyse hat außerdem ergeben, dass die Österreicher am 15. März 1938 am Heldenplatz Hitler nie mit „Heil Hitler" gegrüßt haben, sondern immer nur mit „Adi, do bin i", worauf Hitler ihnen wieder freundlich zugewinkt hat, wie es die Etikette verlangt.

„Ich fordere alle Medien auf, in Zukunft sensibler über Herrn Hitler zu berichten. Alle Vorwürfe gegen ihn sind falsch", zeigt sich Harald Vilimsky empört. Das Winken Hitlers als Hitlergruß darzustellen, sei „linke Hetze".

Um einer möglichen Rufschädigungsklage durch den im argentinischen Exil lebenden Herrn Hitler zuvorzukommen, ließ die Regierung sämtliche Geschichtsschulbücher vorsorglich verbrennen.

LEBEN 29. Januar 2019

Verschwundene Polizeikatze: Kickl lässt tatverdächtigen Ausländer verhaften

Foto: Screenshot, Montage

Das Schicksal der verschwundenen Polizeikatze hält Österreich in Atem. Jetzt ließ Innenminister Herbert Kickl einen ersten Tatverdächtigen festnehmen. Es handelt sich um einen Zuwanderer ohne gültige Aufenthaltsgenehmigung.

WIEN – „Alle Indizien deuten darauf hin, dass der vermisste Beamte, ‚Mister Black', durch den Tatverdächtigen Alf S. entführt, barbarisch mariniert, zwei Stunden lang bei 180°C geröstet und anschließend bei einem Glas Merlot 2013 verspeist worden ist", gab Kickl in einer Pressekonferenz sichtlich getroffen bekannt. Der Kater hinterlässt sieben Katzen und 153 Kinder.

Die Ermittler prüfen derzeit, ob der Verdächtige auch hinter dem Verschwinden von Polizei-Leguan „Gerhard", Polizei-Tanzbär „Petzi" und dem Polizei-Regenwurm „Wurmi" stecken könnte, die alle schon seit Jahren vermisst werden.

Geständig

Der Verdächtige gesteht eine Verwicklung in den Fall rund um „Mister Black", bestreitet jedoch die anderen Vorwürfe.

Kickl zeigt sich fest entschlossen, Alf S. auf seinen Heimatplaneten Melmac abzuschieben. Ein interstellares 30-Milliarden-Euro-Weltraumprogramm ist bereits in Planung. Menschenrechtsexperten weisen jedoch darauf hin, dass Melmac aufgrund seiner radioaktiven Verstrahlung nicht als sicheres Herkunftsland zu bewerten sei.

LEBEN 1. Februar 2019

Wegen ständiger Anfeindungen: Weltbester Candy-Crush-Spieler (32) beendet Karriere

Foto: Roland Schlager, picturedesk.com

Die Nachricht traf die Gaming-Community wie ein Headshot aus heiterem Himmel: Pro-Gamer und lebende Candy-Crush-Legende Sebastian K., in der Szene nur unter seinem Pseudonym bomBASTIc bekannt, beendet überraschend seine Karriere.

WIEN – Der 32-jährige Wiener führte seit Jahren unangefochten alle Bestenlisten des beliebten Handyspiels an. Seine oft stundenlangen Gaming-Sessions streamte der eSportler in ORF-Sendungen wie „Hohes Haus“ oder „Zeit im Bild“. Er erreichte damit ein Millionenpublikum und avancierte zu einem weltweiten Idol für wohlstandsverwahrloste Jugendliche.

Als Grund für seinen drastischen Schritt verwies der sonst als wortkarg geltende bomBASTIc auf die zunehmende Kritik an seiner Person: „Leider gibt es zu viele Hater, die mit meinem Skill nicht zurechtkommen. Ständig wurde ich während des Spielens von so einem alten Noob mit Anzug geflamed, der aussieht wie Super Mario mit Brille. Darauf hab' ich einfach keine Lust mehr.“

Gernot Blümel, langjähriges Clanmitglied von bomBASTIc, vermutet, dass es sich bei dem Troll um den weitgehend erfolglosen „Verkehrsgigant“-Spieler Jörg „eAsYPeACE“ Leichtfried handelt.

Gerüchte, dass bomBASTIcs Eltern aufgrund seiner zunehmend außer Kontrolle geratenen Smartphone-Sucht die Notbremse gezogen und ihm ein mehrwöchiges Handyverbot erteilt haben, werden hingegen dementiert.

Neue Pläne

Finanzielle Sorgen plagen Sebastian K. trotz des Rücktritts keine: Aufgrund seines ausgeprägten Handynackens winken ihm lukrative Werbeverträge mit mehreren Physiotherapeuten. Auch anderen Gaming-Projekten möchte er sich zukünftig widmen: „Derzeit bin ich gerade mit dem Echtzeit-Sozialabbaustrategiespiel ‚Kanzlerschaftssimulator 2019‘ beschäftigt. Das möchte ich bis spätestens 2022 durchgespielt haben.“

Restfett in Kühlschrank gekotzt: Hipster braut versehentlich sein eigenes Craftbeer

Foto: Depositphotos

Immer mehr Menschen brauen ihr eigenes Craftbeer. Mit einer innovativen Methode sorgt jetzt der Germanistik-Bachelorstudent Elvis Spahic (41) in der Craftbeer-Szene für Aufsehen. Er kotzte restfett in seinen Kühlschrank und ließ die Flüssigkeit einige Wochen lang reifen. Das Ergebnis kann sich durchaus schmecken lassen.

WIEN-MARGARETEN – Stolz verkostet Elvis seine Kreation. „Unser WG-Kühlschrank bietet optimale Bedingungen", erklärt er im Wohnzimmer seiner 140-qm-Dachgeschoß-WG.

„Die Säure meines Magensafts wird balanciert durch die feine Note von Kräuter-Philadelphia, Jahrgang 2014. Abgerundet vom fülligen Aroma der zwei Monate alten Quattro-Formaggi vom Kebabstand, muss ich echt sagen: Strickmütze ab!"

Geschäftsidee

Aufgrund seines Brau-Erfolges schmiedet Elvis nun große Pläne. Unter der Marke *Olde Vienna Puke Ale* verhandelt er derzeit mit einigen Underground-Technoclubs in Georgien. Empfohlener Preis für 0,33 Liter seines exklusiven Biers: bodenständige 14,90 Euro.

Die Entdeckung hat seinen Unternehmerinstinkt geweckt. Als Nächstes plant Elvis, aus dem Schimmelpilz auf seinem Brotkorb flauschige Bio-Wolljacken zu stricken.

Auch die Silberfische aus dem WG-Badezimmer sammelt er in alten Gurkengläsern, um sie dann, milchsauer vergoren, als *Austrian Surströmming* an selbsternannte Foodies am Grätzlmarkt zu verkaufen.

Auf der Tür des Kühlschranks klebt eingetrocknetes Erbrochenes. Die nächste Business Opportunity! Elvis schabt die gelbgrüne Masse behutsam ab, füllt sie in seinen Vaporizer und nimmt einen Lungenzug. „Ich bin ja schon lange Dampfer, aber das Zeug disruptet meine Schleimhäute wie nix zuvor." Lächelnd macht er sich eine Flasche *Olde Vienna Puke Ale* auf.

LEBEN 7. Februar 2019

Verdacht: Millionen Österreicher sollen jahrelang Pädophilenring finanziert haben

Foto: Die Tagespresse

Die Polizei ist offenbar kurz davor, den größten jemals entdeckten Pädophilenring auszuheben. Pikant: Millionen Österreicher haben diesen offenbar durch jährliche Zahlungen in Höhe von mehreren hundert Euro direkt an die Betreiber des Rings mitfinanziert.

Über Kreditkartenabrechnungen und Erlagscheine kam man den zahllosen Finanziers auf die Schliche. Sie bekommen bald Post vom Staatsanwalt und müssen sich womöglich vor Gericht verantworten.

Bizarre Rituale

Geleitet wird der Ring von Männern in grotesken Gewändern, die Kinder vor den Augen anderer in Wasserbecken reinigen. Dieses bizarre Ritual markiert den Einstieg in die verschlossene Gemeinschaft, aus der man nur schwer wieder austreten kann. Kinder werden indoktriniert, sich vor einem Altar hinzuknien und auf weitere Befehle zu warten.

Ihre Autorität beziehen die Täter durch ihre Berufung auf einen unbekannten, aber allwissenden und sehr mächtigen Mann, dessen Identität laut Polizei noch nicht bekannt ist. Ermittler mutmaßen, dass er nur in der blühenden Fantasie der Ringmitglieder existiert. Die Kommunikation der Gruppe läuft über eine verschlüsselte Sprache, die niemand versteht und unter Fachleuten als „Latein" bekannt ist.

Ausgefeilt

Die Bezahlung erfolgt nicht wie sonst üblich via Bitcoin, sondern über eine noch ausgefeiltere Zahlungsmethode, die niemals zurückverfolgt werden kann: den sogenannten Klingelbeutel. Die Hintermänner des Rings sitzen laut Polizei in Rom. Fassen kann man diese allerdings nicht, da für die Beschuldigten keine weltlichen Gesetze gelten.

Mutmaßliche Finanziers wie Claudia B. (48) aus Mürzzuschlag weisen jede Schuld von sich: „Natürlich hat man von dem ganzen strukturellen Kindesmissbrauch gehört. Aber wenn mal eine SEPA-Lastschrift eingerichtet ist, dann ist das schon ein ziemlicher Aufwand, das wieder zu ändern. Das wäre mindestens eine Minute Arbeit!"

Valentinstagsdrama: Wiener (42) erwischt Sexroboter im Bett mit Saugroboter

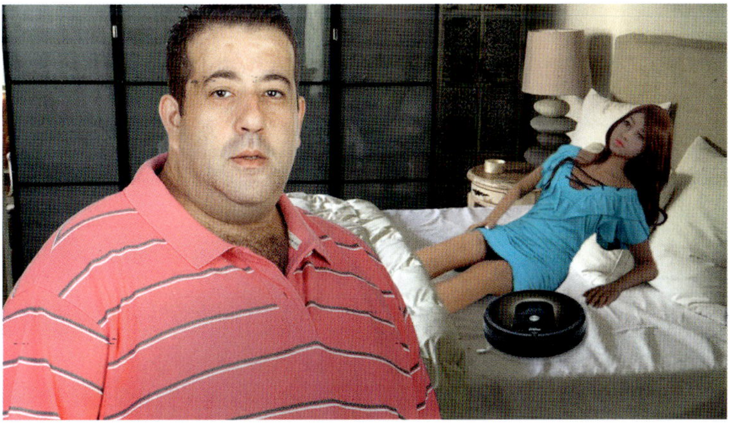

Foto: Depositphotos, Montage

Es hätte ein romantischer Abend werden sollen. Doch ausgerechnet am Valentinstag machte der Wiener Stefan Aichbauer (42) eine schmerzvolle Entdeckung: Er erwischte seinen Sexroboter Tiffany im Bett mit seinem Saugroboter Roomba 500.

WIEN – „I hob scho länger das Gefühl, dass irgendwos ned passt", sagt Aichbauer nachdenklich, während er sich eine warme Ottakringer-Dose aus der Falte in seinem Bauch fischt. „Sie hot mi scho seit Wochen nimmer rangelassen, weil sie ‚Migräne' hot oder Wechselstrombeschwerden. I hob vorgeschlagen, dass wir uns professionelle Hilfe suchen. Aber das Firmware-Update hat ois nur no schlimmer gemocht."

Schockierender Anblick

Mit einem romantischen Abend am Valentinstag wollte Aichbauer das Knistern in seine Beziehung zurückholen und Tiffany sogar mit einer gekühlten Flasche WD-40 Kriechöl überraschen. Doch als er das Schlafzimmer betritt, machte er die schockierende Entdeckung:

„Der Roomba hot grod an ihren Zehen gesaugt und angegeilt gepiepst. Des Büd vergess i nimmer so schnell."

„Den Saugroboter hob i scho länger unter Verdacht", erzählt Aichbauer. „Wenn i länger außer Haus war, wor sei Akku immer leer und der Boden trotzdem voller Lurch. Er is mir außerdem immer beschämt ausgewichen, wenn sich unsere Wege gekreuzt haben."

Aichbauer weiß nicht, wieso sich Tiffany nicht mehr zu ihm hingezogen fühlt: „Der Sex war doch voi super. Ihre vorgetäuschten Orgasmen worn fast so echt wie die Orgasmen, die mir mei Ex immer vorgetäuscht hot."

Gespräch

Aichbauer will noch nicht aufgeben: „I glaub, i kann die Beziehung no retten und die Liebe meines Lebens zurückgewinnen." Er setzt auf ein klärendes Gespräch, sobald Tiffany wieder vom Zigarettenautomaten zurückkommt, zu dem sie vor vier Stunden aufgebrochen ist.

LEBEN 15. Februar 2019

„Kulturgut": Wiener Linien nehmen Leberkaskrapfen vom Essverbot aus

Foto: Johannes Zinner/bildstrecke.at, Ernst Weingartner / picturedesk.com, Montage

Die Wiener Linien setzen ein Zeichen für die Erhaltung von regionalem Kulturgut: Ab sofort ist der traditionelle Leberkaskrapfen vom Essverbot in den U-Bahnen ausgenommen.

WIEN – „Wir verneigen uns vor dieser kulturellen Errungenschaft, die wir nicht mehr länger aus unseren Verkehrsmitteln verbannen wollen", erklärt die Wiener Verbotsstadträtin Ulli Sima. „Ab sofort müssen die Wienerinnen und Wiener nicht mehr auf diesen marmeladig-fleischigen Hochgenuss verzichten."

Alle Wiener Linien-Fahrgäste, deren Leberkaskrapfen in den vergangenen Monaten beschlagnahmt wurden, dürfen diese aus der Asservatenkammer der Wiener Linien wieder abholen.

Lange Tradition

Ein Blick in die Geschichtsbücher zeigt die enge Verflechtung der Speise mit Wiens Geschichte. Erfunden wurde der Leberkaskrapfen 1785 von Hofzuckerbäcker Andreas Panzenböck, der jedoch nur zwölf Sekunden nach seiner Erfindung an einer arteriellen Verstopfung verstarb.

Wolfgang Amadeus Mozart war vom Leberkaskrapfen so begeistert, dass er der Speise sogar sein letztes Requiem widmete. Dieses konnte er jedoch nie vollenden, da er noch während der Arbeiten an einer arteriellen Verstopfung verstarb.

Essverbot gilt weiter

Doch Vorsicht: Nicht alle traditionellen Speisen dürfen künftig in den U-Bahnen verzehrt werden. Verboten bleiben weiterhin das Sachertortenkebab sowie die Tafelspitz-Esterházy-Schnitte, die aus zwölf Schichten Rindfleisch mit Buttercreme und Zuckerglasur besteht.

Halber Feiertag: Jesus muss am Karfreitag erst um 14 Uhr sterben

Foto: Depositphotos

Gute Nachrichten für Jesus Christus: Er muss am Karfreitag diesmal erst um 14 Uhr sterben. Dies geht auf einen Kompromiss der Regierung zurück, die den Karfreitag heute zum halben Feiertag erklärt hat.

WIEN/GOLGATHA – „Vielen Dank an die österreichische Regierung für diese österreichische Lösung", erklärt der beliebte Influencer-Jesus Christus erfreut.

„Halber Feiertag? Geil! Jetzt muss ich vormittags nicht mehr diesen zachen Kreuzweg auf mich nehmen und das depperte Graffl da den Berg nach oben schleppen, sondern hab frei und kann ein bissl relaxen."

Laut eigenen Aussagen ist Jesus überrascht, dass ausgerechnet die aktuelle Regierung ihm mehr Freizeit verschafft. Er selbst habe die Liste Pilz gewählt, wie Jesus beschämt einräumt.

Weitere Änderungen

Das Letzte Abendmahl wird in Zukunft jedoch leider ausfallen. Schuld ist der Zwölf-Stunden-Tag. „Von den Burschen hat leider keiner mehr Zeit, nicht einmal am Tag vor meiner Kreuzigung. Ich verwandle mir dann ganz allein drei Liter Wasser in Wein, hör Nine Inch Nails, nehm dazu noch eine Schlaftablette und gute Nacht", so Jesus.

Zu früh gefreut

Trotz neuer Karfreitagsregelung droht Jesus nun aber Ärger an anderer Front. Bei einer Kontrolle des Marktamts konnte er für die 5000 Brote, die er geteilt hat, keine gültige Betriebsanlagengenehmigung vorweisen. Auch ein Gewerbeschein fehlt. Ihm droht eine Strafe über 120 000 Euro.

Neuer Stil

Die Bundesregierung unter Sebastian Kurz löst endlich ihr Versprechen vom Neuen Stil ein, denn nie zuvor gab es derart viele österreichische Lösungen. Der halbe Feiertag war erst der Anfang. Auch im Raucherstreit scheint eine Lösung in Sicht: Ab Mai 2019 darf in Gastronomiebetrieben die Zigarette nur noch bis zur Hälfte geraucht werden.

WELT 20. Februar 2019

Kurz trifft Trump: Das Minutenprotokoll

Foto: Außenministerium/Montage

Heute trifft der wichtigste Mensch der Welt auf US-Präsident Donald Trump. Das Minutenprotokoll einer denkwürdigen Begegnung.

Minute 0:13
Der offizielle Handschlag zwischen Trump und Kurz scheitert, weil beide an ihren Smartphones hängen. Verschämt lächelnd, reiben Kurz und Trump vor den Kameras etwas unbeholfen die Handys aneinander, ohne aufzublicken. „How are you?", begrüßt Kurz per WhatsApp US-Präsident Trump. „Who are you?", antwortet Trump mit einem fragenden Emoji.

Minute 01:00
Trump und Kurz beginnen gleichzeitig zu reden. Sie lachen. Danach beginnen sie wieder beide gleichzeitig zu reden. Trump lacht nicht mehr. Kurz redet weiter.

Minute 02:00
Kurz begrüßt Melania und schreibt ihr auf WhatsApp: „Ich habe die Balkanroute geschlossen." Sie antwortet: „Ich bin vom Balkan." Trump erzählt auf Twitter stolz, wie er Melania in den Neunzigern über die Balkanroute geschleppt hat.

Minute 02:20
Symbolische Geschenkübergabe: Kurz schickt Trump per WhatsApp ein Kuchen-Emoji. Trump antwortet mit einem Ferrari-Emoji.

Minute 03:00
Trump verspricht Kurz per WhatsApp, alle US-Truppen aus Styria zurückzuziehen, und fordert ihn auf, die verbliebenen Extremisten selbst zu besiegen. Kurz ist überrascht, dass Trump über die Grazer KPÖ Bescheid weiß, und verspricht eine Bombardierung des Parteibüros. Als Zeichen des guten Willens räumt Kurz den USA weitgehende Ölförderrechte auf steirischen Kürbisfeldern ein.

Minuten 04:00 bis 10:00
Vertiefung der Beziehungen: Trump twittert, Kurz spielt Candy Crush.

Minute 11:00

Diplomatische Verstimmungen: Kurz schlägt Trump in Quizduell. Trump verlangt vom Kongress Geld für den Bau einer Firewall.

Minute 13:00

Kurz will nicht mehr länger mit einem Strohmann verhandeln und verlangt ein Direktgespräch mit Putin. Trump will nicht mehr länger mit einem Strohmann verhandeln und verlangt ein Direktgespräch mit der Industriellenvereinigung.

Minute 15:00

Die Berater von Trump und Kurz nehmen die beiden zur Seite. Die Zeit ist abgelaufen. Trump und Kurz sehen von ihren Smartphones auf, blicken einander erstmals kurz in die Augen, nicken einander zu und verlassen den Raum.

—UPDATE—

Unmittelbar nach dem Treffen nehmen zwei mitgereiste Cobra-Beamte Melania Trump in Schubhaft. Unter Tränen nimmt sie ihren schon vorgepackten Koffer mit und bedankt sich.

POLITIK 21. Februar 2019

Österreichische Lösung: Regierung will toten Winkel bei LKW halbieren

Foto: BKA/Regina Aigner, Montage

Ein gütiges Ende findet der Streit um den LKW-Abbiegeassistenten. Die Regierung will noch heuer den toten Winkel bei Lastwägen halbieren. Damit gelingt der türkis-blauen Koalition einmal mehr ein perfekt austarierter Kompromiss zwischen den unterschiedlichen Interessen.

WIEN – „Die Fußgänger und die LKW müssen sich hier auf halbem Weg entgegenkommen", sagt Verkehrsminister Norbert Hofer lächelnd. „Es ist natürlich ein verständlicher Wunsch von Fußgängern, nicht von einem Zehn-Tonnen-LKW überfahren zu werden. Das kann ich menschlich irgendwie nachvollziehen."

Trotzdem müsse man besonders an die Schwächsten der Gesellschaft denken, betont Hofer. „Die Kleinunternehmer von heute sind die Konzerne von morgen. So ein Abbiegeassistent kostet einige hundert Euro. Das entspricht pro LKW einem Monatsbedarf an Wunderbäumen!"

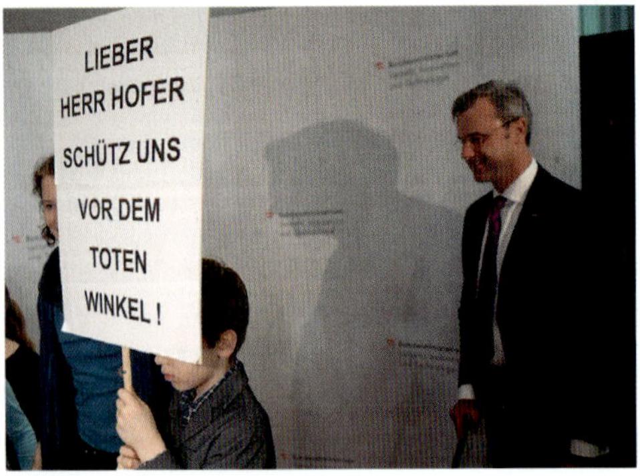

Foto: Roland Schlager/APA

Wie aus dem Nichts erscheint Hofer bei der Pressekonferenz aus dem toten Winkel.

Räumliche Trennung

Das Verkehrsministerium evaluiert derzeit eine praktikable Lösung. Im Raum steht eine bewährte österreichische Lösung: „Uns schwebt hier wie beim Rauchergesetz eine räumliche Trennung von totem und lebendem Winkel vor, mittels Glaswände. Denn jeder soll frei entscheiden können, ob er in der Todeszone stehen will oder nicht."

Weitere Änderungen

Zusätzlich plant Hofer in Rücksprache mit der WKO, die Ruhezeiten der LKW-Fahrer aus Sicherheitsgründen zu halbieren. „Wenn man nach zwei Stunden Schlaf ohne Frühstück nonstop von Rotterdam nach Bukarest fährt, kommt es zu einer außerkörperlichen Erfahrung. Die LKW-Fahrer sehen sich aus der Vogelperspektive und der tote Winkel verschwindet", so Hofer euphorisch.

Erfolg

Die Initiatoren der Petition für Abbiegeassistenten feiern die Lösung als Erfolg: „Direkte Demokratie funktioniert. Wir haben bewiesen, dass man nicht unbedingt 900 000 Unterschriften braucht, um von der Politik komplett ignoriert zu werden."

LEBEN 26. Februar 2019

Kein Urlaubstag mehr übrig: Jesus muss Kreuzigung am Karfreitag absagen

Die Neuregelung der Regierung des Karfreitags ist für Jesus eine Hiobsbotschaft. Der Erlöser muss seine traditionelle Kreuzigung heuer absagen. Er hat seinen gesamten Urlaub bereits für einen dreiwöchigen Yoga-Retreat in Sri Lanka aufgebraucht.

Foto: Depositphotos

„Ich hatte mich schon echt gefreut, das Kreuz locker flockig auf der Schulter den Berg raufzutragen, mich ruckizucki ans Kreuz nageln zu lassen und dann langsam zu krepieren wie jedes Jahr", zeigt sich Jesus gegenüber der **TAGESPRESSE** enttäuscht.

Leider hat Jesus in diesem Jahr aber keinen Urlaubstag mehr frei. Der Erlöser arbeitet seit 2013 in der Weinbar von Leo Hillinger, wo er Hillinger Wein in echten Wein verwandeln muss.

Regierung verteidigt Lösung

Bundeskanzler Sebastian Kurz verteidigt die Lösung, den Karfreitag als Arbeitstag zu belassen. „Wir dürfen die religiösen Gefühle der Industriellenvereinigung nicht verletzen", erklärt Kurz demütig, während er vor einem Gemälde von Margaret Thatcher in die Knie geht und sich dreimal bekreuzigt.

Betrübnis

Jesus verwandelt eine 1,5-Liter-Flasche Mineralwasser in Gemischten Satz, trinkt sie zügig zur Hälfte aus und liest nachdenklich in Richard Dawkins' Buch *Der Gotteswahn*.

„Was hat das alles für einen Sinn? Manchmal zweifle ich schon an meinem Glauben an Sebastian Kurz", sagt er und schaut minutenlang mit glasigem Blick in die Donau. „Hackln ist echt die Hölle!"

Deprimiert versucht der enttäuschte Erlöser, sich von der Reichsbrücke in den reißenden Strom zu stürzen. Doch anstatt ins Wasser zu fallen, prallt er einfach auf der Oberfläche auf. Betrübt geht Jesus über das Wasser nach Hause.

Update

Die Regierung hat inzwischen eine neue Karfreitagslösung präsentiert: Arbeitnehmer dürfen statt eines Urlaubstags ab sofort nur noch einen halben Urlaubstag nehmen.

Gipfel gescheitert: Trump und Kim uneinig, ob Karfreitag ein Feiertag ist

Foto: Montage

Seit Wochen beschäftigen sich Menschen in aller Welt nur mit einer Frage: Ist der Karfreitag nun ein Feiertag, oder nicht? Der US-Präsident Donald Trump und der Nordkoreanische Machthaber Kim Jong-un wollten endlich zu einer Einigung kommen, doch der Gipfel scheiterte überraschend.

HANOI – Abrupt endete das Gipfeltreffen zwischen US-Präsident Donald Trump und Nordkoreas Staatschef Kim Jong-un. „Es gab in der Karfreitagsfrage keine Einigung", erklärte Trump gegenüber internationalen Medien, „aber wir haben Fortschritte gemacht: Nordkorea und die USA wollen diese Frage vorerst nicht mit einem Atomkrieg klären."

Beobachter hofften wenigstens auf eine formelle Beendigung des Koreakriegs, der wegen der Frage, ob der Karfreitag ein Feiertag sei, von 1950 bis 1953 auf der Halbinsel tobte. Der Konflikt endete mit einem Waffenstillstand, bei dem festgelegt wurde, das Gebiet einfach in Nord- und Südkorea zu halbieren. Diplomaten sprechen von der „Österreichischen Lösung von 1953".

Trump weiterhin für Feiertag

Die USA befürworten den Karfreitag als Feiertag, wie Trump bekräftigt: „Christliche Werte sind für uns nicht verhandelbar. Natürlich sollten wir da frei haben. Am Karfreitag wurde Jesus geboren, nachdem Maria von Gott aufs Kreuz gelegt und genagelt wurde."

Kim dagegen pocht darauf, seine Zwangsarbeiter auch am Karfreitag in den Arbeitslagern schuften zu lassen, und verweist auf die Interessen der Wirtschaftspolitischen Koreanischen Oberspasten (WKO).

Krisenherde

International ist dies nicht der einzige schwelende Konflikt, der die Welt aus den Fugen heben könnte. Die beiden Atommächte Indien und Pakistan drohen einander seit gestern mit gegenseitiger Vernichtung, da man sich nicht auf die Einführung eines LKW-Abbiegeassistenten einigen kann.

Ein zukünftiger Kompromiss im Sinne der Völkerverständigung könnte sein, den Aschermittwoch als globalen Feiertag zu etablieren, an dem die Menschheit ihre gegenseitige atomare Einäscherung begeht.

Um Umgang mit Touristen zu lernen: Almkühe müssen Praktikum in Wien absolvieren

Foto: Montage

Nach dem umstrittenen Tiroler Kuhattackenurteil ist die Aufregung groß. Eine ungewöhnliche Maßnahme soll nun für ein friktionsfreies Miteinander von Rind und Mensch auf heimischen Almen sorgen.

WIEN – Die einhellige Expertenmeinung: Viele Almbewohner haben sich schon zu weit von der Zivilisation entfernt. Um sie wieder für den Kontakt mit Stadtbewohnern und Touristen verschiedenster Nationen zu sensibilisieren, müssen alle heimischen Almkühe zukünftig ein dreimonatiges Pflichtpraktikum in Wien absolvieren.

Aggression als Abwehrreaktion

„Sobald die Tiere einen Wiener oder einen Deutschen in ihr Revier eindringen sehen, laufen sie wie aufgescheucht hin und springen ihn an“, erläutert Mag. Stefan Nitsche vom Institut für klinische Rinderpsychologie der Landwirtschaftsschule Imst. „Die Kühe haben sich dieses Verhalten von den Tiroler Hoteliers angeeignet.“

Foto: Screenshot

Im Bild: Aggressiver Almbewohner kurz vor dem Angriff (li.).

Projektstart

Bereits heute früh sind die ersten Praktikantinnen in Wien eingetroffen. Die Tiroler Jungkühe Herta, Zenzi und Mädi werden die nächsten Wochen Fiaker ziehen, im Mozartkostüm Konzertkarten vor dem Stephansdom verkaufen oder Führungen durch die Prunkräume des Schlosses Schönbrunn abhalten.

Auch der prominente Almbauer und Kuh-Aktivist Tobias Moretti will sich an der Aktion beteiligen und hat bereits angekündigt, sein Engagement am Wiener Burgtheater an eine Kuh abzutreten.

Herber Rückschlag

Doch nur wenige Stunden nach Ankunft der Praktikantinnen kommt es bereits zu einem herben Rückschlag für das Projekt. Wie die Wiener Polizei bekannt gab, gerieten die Kühe beim mittäglichen Grasen im Volksgarten in einen heftigen Futterstreit mit einer Gruppe Veganer.

Beim anschließenden Horngemenge bespritzten sie diese mit nicht-laktosefreier Milch und verletzten sie schwer. Herta, Zenzi und Mädi befinden sich derzeit in Sicherungshaft im *Plachutta Wollzeile* und warten dort auf ihre Anwälte, die für heute Abend bereits einen Tisch reserviert haben.

Neue ÖSV-Kampagne: „Spritzi" soll Athleten vor Doping warnen

Foto: Montage

Der Dopingskandal rund um zwei Langläufer hat den ÖSV aufgerüttelt. Mit einer neuen Kampagne will der Verband jetzt Athleten vor Doping warnen. Maskottchen „Spritzi" besucht in den kommenden Wochen zahlreiche Einrichtungen, um für das Problem zu sensibilisieren. DiETAGESPRESSE war bei der Präsentation dabei.

STAMS – Der ÖSV enthüllte heute sein neues Maskottchen, die spritzige Spritze „Spritzi". Obwohl Kritiker unsicher sind, ob ausgerechnet „Spritzi" das richtige Signal ist, zeigt sich Peter Schröcksnadel zufrieden: „Wir beim ÖSV lernen aus unseren Fehlern. Wir machen vielleicht einmal, zweimal, dreimal, viermal oder zehnmal denselben Fehler, aber nicht elfmal. Außer, wir machen den Fehler noch einmal."

Anschließend schreitet „Spritzi" zum Podium. „Grias enk Burschen und Weiberleit! Da Peterle hot mir erzählt, dass es do eine Vaschwörung gegeben hot, und der Judenmossad euch nochts im Schlaf heimlich gedopt hat, wie damals schon unseren Haider Jörgl. Ob jetzn haßt's aufpassn! Wer Einstichlecha oder Krotza am Arm hot, der derf nimma an den Start, aussa natirlich, wenn die Krotzer vom ÖSV-Trainer beim Liebesspiel entstanden sind, hahaha."

„Spritzi" zeigt den jungen Menschen abschreckende Bilder von Dopingsündern wie Max „Kurt Cobain" Hauke, Bernhard „Die Spritze" Kohl oder Andreas „Andreas Gabalier" Gabalier.

Auch der ÖSV-Chef selbst will mit der dunklen Vergangenheit abschließen. Schröcksnadel war heute bei der Bezirkshauptmannschaft und hat seinen Namen geändert auf „Schröcksauber".

Sportminister euphorisch

Auch Sportminister Heinz-Christian Strache ist anwesend und begrüßt „Spritzi". Zu späterer Stunde verschwinden die beiden unauffällig am WC der Skischule. Offenbar haben sie ein anregendes Gespräch geführt, beide wirken nach dem kurzen Klobesuch sehr euphorisch, gesprächsfreudig und voller Energie. Einer dopingfreien Zukunft steht offenbar nichts mehr im Weg.

Um den Umstieg zu erleichtern, bleibt das Doping im ÖSV an einem „persönlichen Spritzentag" erlaubt.

LEBEN 7. März 2019

Fastenzeit: Priester will vierzig Tage auf Ministranten verzichten

Foto: Depositphotos, Montage

Verzicht – so lautet das Motto der Fastenzeit auch für die katholischen Geistlichen selbst. Ein niederösterreichischer Priester will bis zu Ostern allen Versuchungen widerstehen. Er verzichtet daher strikt auf den Genuss von Ministranten.

„Normalerweise habe ich um die Zeit schon drei Ministranten vernascht", erklärt der niederösterreichische Priester Herbert Hubermaier (52) und blickt auf die neun Meter breite Kirchenuhr auf seinem Handgelenk.

Im klostereigenen Café und Tanzclub Oral et Labora erläutert uns der Geistliche den Sinn der Fastenzeit. „Wir müssen der süßen Versuchung widerstehen. Der Kinderriegel bleibt vorerst noch eingepackt, wenn Sie verstehen, was ich meine", seufzt der Priester.

Disziplin

Um vierzig Tage Verzicht zu üben, ist viel Disziplin nötig. „Man braucht da als Ausgleich auch kleine Dinge, die einem im Alltag Freude bereiten und ein Lächeln auf die Lippen zaubern. Mir hilft das Abtauchen in erfundene Geschichten, zum Beispiel dieser fantasievolle HBO-Film über Michael Jackson", so Hubermaier.

Auch wenn der Verzicht positive Auswirkung auf Geist und Seele hat, zählt Hubermaier bereits die Tage bis Ostern, dem Ende der Fastenzeit, das er mit einem großen Eiersuchen mit den Ministranten zelebrieren wird.

Schweigegelübde

Fasten ist aber nicht nur die einzige drastische Maßnahme, mit der katholische Priester ihre Lehren exerzieren. „Wichtig ist vor allem auch ein Schweigegelübde", erklärt Giovanni di Renzo, Pressesprecher des Vatikans. „Hat bisher super funktioniert. Wir hatten vor Kurzem erst wieder einen Missbrauchsgipfel hier in Rom, ich meine, wir hatten keinen Missbrauchsgipfel hier in Rom, alles ist wunderbar, die Sonne scheint, die Luft ist rein."

Aus für Eurofighter: Bundesheer freut sich auf neue Boeing 737 Max

Foto: Wikipedia/Montage

Das Bundesheer präsentierte heute das Nachfolgemodell für die Eurofighter. Schon bald wird die Luftraumsicherung über Österreich durch Flugzeuge des Typs Boeing 737 Max durchgeführt.

ZELTWEG – „Dieser Deal war ein unwiderstehliches Schnäppchen", erklärt der Chef der österreichischen Luftwaffe, General Andreas Lubitz senior. „Keine Ahnung, warum die Flieger so billig sind, wir haben kein Internet." Eingefädelt wurde der Kauf vom renommierten Schrotthändler Graf Mensdorff-Pouilly.

Eine erste Ausschreibung wurde auf Druck von Boeing storniert, damit der Flugzeughersteller trotz noch nicht fertig entwickelter Flugzeuge teilnehmen kann. Die endgültige Entscheidung zugunsten der 18 neuen Boeing 737 Max fiel bei einem Kanzlerfrühstück in einem von Boeing speziell für Sebastian Kurz angefertigten Flugzeugbett. Das Boeing-Bett musste dreimal zugestellt werden, da es bei den ersten beiden Versuchen vom LKW abgestürzt ist.

Bundesheer begeistert

Das Bundesheer ist von den neuen Boeings begeistert. „Zwei unserer Piloten haben einen Testflug gemacht. Die Maschine taugt ihnen offenbar so, dass sie noch immer fliegen. Wir haben jedenfalls seit gestern nichts mehr von den Burschen gehört", erklärt Bundesheer-Fluglotse Herbert Stöger der **TAGESPRESSE**.

Keine Sicherheitsbedenken

Sicherheitsbedenken nach einem Absturz am Sonntag weist Boeing zurück. „Wir haben heute ein fünfstündiges Software-Update an alle Flugzeuge ausgespielt", erklärt Boeing-Sicherheitschef Brick Tamland, der den Piloten empfiehlt, das Flugzeug während des Updates keinesfalls neu zu starten oder zu landen.

Foto: Screenshot

Foto aus dem Cockpit während des Landeanflugs auf Wien.

„Jetzt sollte es eigentlich funktionieren. Eventuell gibt es noch den einen oder anderen Absturz. Schauen wir halt mal, wie der Betatest der 737 Max weiter verläuft!", so Tamland optimistisch.

Will nicht aussteigen: Theresa May blockiert 13A seit neun Stunden

Foto: Manfred Helmer/bildstrecke.at, Montage

Eigentlich wollte sich Theresa May mit einem Kurztrip nach Wien von den letzten Tagen erholen. Doch das vermeintliche Getaway endete unglücklich. Schon seit neun Stunden kann sich May nicht entscheiden, ob sie aus dem 13A aussteigen will, oder nicht. Der siebte Bezirk versinkt im Chaos.

WIEN – Tumultartige Szenen spielen sich derzeit in der Neubaugasse ab. Hunderte Grafikdesigner haben ihre Huso-Yoga-Kurse verpasst und werfen die Scheiben der Busse mit noch „essfertigen" Avocados und brennenden Acai Bowls ein. Einige Soziologie-Studenten errichten Straßensperren mit Slacklines.

„Wir arbeiten mit Hochdruck daran, unsere Fahrgäste auf anderen Wegen an ihr Ziel, dem nächsten bizarr überteuerten Stick-and-Poke-Studio, zu bringen", erklärt ein Sprecher der Wiener Linien, die derzeit einen Ersatzverkehr mit E-Scootern einrichten.

Zu hohe Forderungen

Bis zuletzt forderte May den Busfahrer zu Zugeständnissen auf. „Sie wollte direkt ins Hilton am Ring gefahren werden. Ich hab' dann nach acht Stunden gesagt: Heast, i konn die zum Museumsquartier schieben, oba weida ned!"

Der britischen Regierungschefin ging das jedoch nicht weit genug. Wiederholt drohte sie, den Bus ohne Deal zu verlassen, um es den Insassen „zu zeigen". Die Drohung wurde noch nicht in die Tat umgesetzt.

Die Stadt Wien schickte schließlich sogar ihren Chefverhandler, den Bierkavalier, in den Bus, um May auf ein Bier einzuladen. Seit etwa einer Stunde werden die Bedingungen ausgehandelt.

Update – Fahrt geht weiter

Wie soeben bekannt wurde, konnte die Fahrt inzwischen fortgesetzt werden. Theresa May stieg laut Augenzeugen an einer Haltestelle nahe der Justizanstalt Josefstadt aus.

„Ich habe hier zufällig einen Mann getroffen, von dem man sagt, dass er die Brexit-Verhandlungen über Jahrzehnte hinauszögern kann", lächelt May und schüttelt Manfred Ainedter glücklich die Hand. Als erste Maßnahme stellte Ainedter bei den Wiener Linien 2000 Anträge auf Fahrplanänderung.

Regierung kritisiert Wien: Seit zehn Jahren keine Steigerung im Lebensqualitätsranking

Foto: Dragan Tatic/BKA, Depositphotos, Montage

Wie schlecht ist es tatsächlich um Wien bestellt? Schon seit zehn Jahren verharrt die Hauptstadt im Lebensqualitätsranking von Mercer auf demselben Platz. Bundeskanzler Sebastian Kurz wirft der Wiener Stadtregierung jetzt Totalversagen bei der Verbesserung der Stadt vor.

WIEN – „Seit zehn Jahren kann sich Wien im Mercer-Ranking nicht steigern", kritisiert Kurz bei einer Pressekonferenz direkt am revitalisierten Donaukanal vor einem Urban-Gardening-Beet, während hinter ihm eine neue U-Bahn-Garnitur vorbeifährt. Er verspricht ein Sofortpaket: „Da kommt erst Bewegung rein, wenn wir von der ÖVP ein paar tausend Gemeindebauwohnungen privatisieren."

„Ja, Wien mag besser abschneiden als so manch andere Stadt, aber wenn man das Ranking verkehrt herum hält, rutscht Wien plötzlich auf den letzten Platz", so Kurz weiter, der statistische Tricks hinter dem Ergebnis vermutet.

Ein *Krone*-Redakteur hört aufmerksam zu und postet den Artikel anschließend online mit dem Titel „Danke, Vassilakou: Wien lebensunwerteste Stadt unter allen österreichischen Hauptstädten, die mit W beginnen".

Auch manchen Wienern stößt das Ergebnis im Ranking sauer auf. „Früher war's besser", sagt etwa Josef Pieringer aus Meidling. „Ned scho wieder Platz eins, mir reicht's!", meint er verärgert.

Kurz protestiert

Aus Protest gegen das Mercer-Ranking hat Kurz heute seinen Hauptwohnsitz von Wien nach Bagdad verlegt. Für eine erste Stellungnahme nach der Ankunft war der Kanzler nicht erreichbar, er gilt als vermisst.

POLITIK 14. März 2019

Facebook-Ausfall: FPÖ erstmals acht Stunden ohne Einzelfall

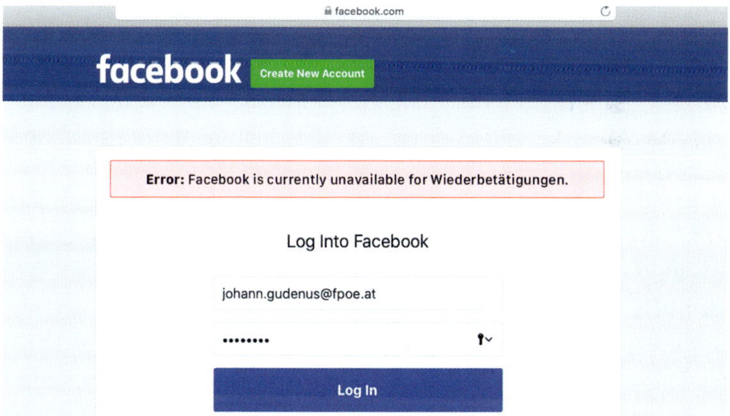

Foto: Montage

Der nächtliche Facebook-Ausfall brachte einen neuen Rekord: Erstmals seit Beginn der Aufzeichnungen war die FPÖ acht Stunden lang ohne Einzelfall. Aufgrund der eingeschränkten Erreichbarkeit konnten Tausende FPÖ-Funktionäre stundenlang nicht in rechtsextremen Gruppen oder auf ihrem eigenen Profil posten.

WIEN – „Es war schrecklich. Um drei Uhr morgens wurde ich aus dem Schlaf gerissen", erklärt Christian Höbart, Fantasiebeauftragter der FPÖ, nervös. „Ich habe geträumt, dass beim Billa ein Flüchtling einkauft und ‚Zweite Kassa!' schreit. Ein schweres Delikt." Höbart wollte daraufhin sofort auf Facebook über den „Terrorshopper" berichten, konnte sich jedoch nicht einloggen.

„Ich hab' dann gleich beim Gudenus angerufen, damit er das postet, aber er ist auch gescheitert, sogar mit seinem alten Passwort ‚heilheil'."

Offline-Hass

Die Facebook-Gruppe „Deutsches Reich" musste spontan offline kommunizieren. Sämtliche Mitglieder trafen sich deshalb in der Parlamentskantine.

Innerhalb der Partei mehren sich nun die Stimmen, den Hass im Netz generell endlich zu beenden. „Was da online anonym gepostet wird, ist eine Sauerei", so der zypriotische Unternehmer Gottfried Waldhäusl. „Da geht das Zwischenmenschliche komplett verloren. Den Scheißflüchtlingen gehört, bitteschön, direkt ins Gesicht gesagt, dass sie sich schleichen sollen."

BVT ausgeschaltet

Alle BVT-Mitarbeiter, die täglich rund um die Uhr mit Einzelfällen eingedeckt sind, erlitten durch die plötzliche Unterforderung ein schweres Bore-Out-Syndrom. Sie werden derzeit stationär behandelt und bekommen FPÖ-Highlights wie den e-Card-Ali vorgespielt.

Sebastian Kurz lobt den Koalitionspartner: „Acht Stunden ohne Wiederbetätigung, Gratulation! Super, Burschen. Es zeigt sich sehr deutlich, dass die Kritik überzogen war."

Sehnenscheidenentzündung: Kurz und Strache können seit Tagen nichts zu Christchurch posten

Foto: Dragan Tatic/BKA, Montage

Manchmal spielt einem das Schicksal einen Streich: Sebastian Kurz und Heinz-Christian Strache können schon seit vier Tagen nichts zum Terroranschlag in Christchurch auf Facebook posten. Beide erlitten völlig unabhängig voneinander eine schwere Sehnenscheidenentzündung.

WIEN – „Ich würde so gerne den Anschlag auf Facebook verurteilen, wie ich das immer mache", erklärt Kurz, während er vergeblich versucht, mit seiner eingegipsten Hand ein Dreh&Drink zu öffnen. „Dieser Anschlag auf diese Mo-... Mosch-... Gotteshaus macht mich eventuell relativ tief betroffen."

Der schwer kranke Kurz seufzt, während er sich von seinem illegalen 24-Stunden-Pfleger Gernot Blümel mit Spendengeldern füttern lässt.

„Wir normalen Menschen fühlen mit den sogenannten ‚Muslimen' mit", fügt auch Vizekanzler Strache betroffen hinzu, während er sich von Fans „Vienna 1683" auf seinen Gips schreiben lässt.

Auch er erlitt leider eine Sehnenscheidenentzündung, da er den Livestream des Attentats zu oft und zu schnell hintereinander geteilt hatte. Bevor Strache den mutmaßlichen Attentäter Brenton Tarrant verurteilt, möchte er aber noch das Gerichtsverfahren abwarten, „um nicht gegen die Unschuldsvermutung zu verstoßen".

In der FPÖ arbeitet man derzeit weiterhin an einem Posting über den Terroranschlag. Doch das Vorhaben erweist sich laut Johann Gudenus als schwierig: „Wir können uns seit vier Tagen nicht entscheiden, welches lachende Emoji wir nehmen sollen. Und unser Thinktank ist derzeit leider nicht erreichbar, weil der Chef das ‚Bist du ein Roboter'-Captcha bei seinem Login nicht schafft."

Vorsichtsmaßnahmen

„So was darf nie wieder passieren, ich bin immer noch schockiert", sagt Kurz mit brüchiger Stimme, während ihm sein hündischer Pflegesklave Blümel echte menschliche Tränen in die Augen träufelt. Um Anschläge wie in Christchurch in Zukunft zu verhindern, lässt die Regierung deshalb sämtliche Moscheen in Österreich geschlossen.

FINANZEN 19. März 2019

Statt Hochhaus: Heumarkt bekommt dritte Piste

Foto: Helmut Fohringer / APA / picturedesk.com, Werckmeister/Wikipedia, Montage

Der Heumarkt bekommt nun doch kein Hochhaus. Stattdessen dürfen sich die Anrainer über eine bessere Verkehrsanbindung freuen: Die dritte Piste des Flughafens Wien soll dort gebaut werden, wo sich derzeit das Intercontinental befindet.

WIEN – Verkehrsminister Norbert Hofer zeigt sich beim Spatenstich „erfreut und erleichtert" über die Heumarkt-Piste und sprengt vor mehreren Journalisten und Schaulustigen das Wiener Konzerthaus. Ab nächster Woche wird der komplette Stadtpark abgeholzt und zubetoniert, bald sollen Flugzeuge mitten in der Stadt landen.

Die Umweltverträglichkeitsprüfung ist derzeit in der Endphase, wie Hofer erklärt: „Ich habe einen Dachs im Stadtpark gefragt, ob er die Piste schlecht findet. Er hat nicht geantwortet. Ich werte das als Zustimmung."

Auch Köstinger zufrieden

„Diese Klimawandel-Gutmenschen fordern doch immer, dass die Autos von der Straße verschwinden", erklärt auch die Anrainerin und Hobby-Gärtnerin Elisabeth Köstinger, während sie im Stadtpark Rosensträucher mit Glyphosat vergiftet und selbst einen Schluck nimmt.

„Durch die dritte Piste verlagert sich der Verkehr in die Luft. Und jeder weiß, dass Luft gut ist und sauber und so." Köstinger legt ein Gewehr an und schießt lächelnd Spatzen und Eichhörnchen von den Bäumen.

Direkte Anbindung an Skylink

Auch die Skylink-Terminals werden direkt an die dritte Piste am Heumarkt angeschlossen, wie ein Sprecher des Flughafens erklärt: „Die Gates in der Innenstadt werden von Schwechat nur 27 Kilometer entfernt sein und sind per Fuß in sechs Stunden zu erreichen. Das ist sogar schneller als der bisherige Weg von den Terminals zu den Gates."

Die Zukunft der Personenbeförderung, so der Sprecher, liege in der Luft: „Wir werden eines Tages selbstfliegende Flugzeuge haben, wo es keine Menschen mehr braucht und menschliches Versagen ausgeschlossen sein wird. Die Software fliegt von alleine!"

Grüne zufrieden

Bei den Wiener Grünen zeigt man sich zufrieden: „Unsere Parteibasis ist froh, dass wir am Heumarkt jetzt Akzente setzen können", erklärt der Grüne Wohnbau-Stadtrat Michael Tojner zufrieden. „Außerdem habe ich da schon eine neue Idee, wie wir das Grätzl architektonisch aufwerten könnten. Vielleicht so eine Art Haus? Ein hohes? Mitten auf der dritten Piste?"

Um auch die letzten Kritiker von der Heumarkt-Piste zu überzeugen, findet heute Abend auf den Trümmern des Wiener Konzerthauses ein Open-Air-Konzert von Andreas Gabalier statt.

LEBEN 21. März 2019

Wikipedia heute offline: Tausende Ärzte können keine Diagnosen stellen

Ein Tag ohne Wikipedia – der Horror für Ärzte! Seit heute früh ist die Online-Enzyklopädie offline, um ein Zeichen für ein Internet ohne Uploadfilter zu setzen. Tausende Mediziner müssen auf ein altbewährtes Mittel zurückgreifen: ihr Bauchgefühl.

Foto: Depositphotos

WIEN – „Das könnte alles Mögliche sein: Grippe, Ebola, Angina. Da werden wir einfach mal Antibiotika für 14 Tage probieren", sagt Hausarzt Alfons Schamaninger aus Ottakring selbstbewusst und schickt einen Patienten weg, der auf zwei gebrochenen Knöcheln schreiend aus der Praxis wankt. Doch nicht alle Ärzte können ohne Wikipedia so zielgenaue Diagnosen stellen wie Dr. Schamaninger.

Ein rätselhafter Fall beschäftigt Dr. Alma Schrumpf, HNO-Ärztin in Hütteldorf. „Ein Kind hat da drinnen irgendwas", sagt sie und zeigt auf den Rachen des Kindes. „Genau da bei den komischen Hautdingern, die über der Zunge hängen, keine Ahnung, wie die heißen", sagt sie und lacht. Auf Wikipedia nachschauen, ist heute keine Option. Hilflos blättert sie in einer alten Autorevue, die sie in ihrem Wartezimmer gefunden hat. „Vielleicht stimmt etwas nicht mit dem Vergaser?"

Nur im Unfallkrankenhaus Meidling herrscht Normalbetrieb, wie Chefarzt Dr. Alexander Heindl betont: „Wir sind nicht von Wikipedia abhängig, da wir schon seit Jahren erfolgreich auf Diagnosen verzichten. Wir sägen einfach alles ab, was wehtut."

Zwei-Klassen-Medizin

Die chaotischen Zustände verdeutlichen einmal mehr die vorherrschende Zwei-Klassen-Medizin. Denn, während staatliche Spitäler stillstehen, stellen Privatkrankenhäuser ihrem Personal alte Scrubs-DVDs zur Verfügung, damit sie wenigstens rudimentäre Behandlungen vornehmen können.

Tiroler sucht Umgebung nach Frau ab, die angeblich mit ihm schlafen will

Foto: Depositphotos, Montage

Nicht schlecht staunte der Tiroler Gerhard B., als er heute beim Surfen im Internet eine brisante Nachricht erblickte. Demnach wolle eine echte Frau in seiner unmittelbaren Umgebung noch heute mit ihm schlafen. DiE TAGESPRESSE begleitet ihn auf der Suche.

HINTERTUX – Noch rätselt Gerhard über die Identität der mysteriösen Dame: „Es kommen eigentlich nur drei Madln infrage: die Holzer Resi, die Lechner Katschi oder des Madl vom Huber“, überlegt der leidenschaftliche Zirbenholzhäcksler, der jedoch nicht ausschließen kann, dass es sich um eine abenteuerlustige Touristin handelt.

Mit Ferrari abholen

„Hoffentlich taucht das Dirndl bald auf“, so der kernige Naturbursch, während er sich seine Achselhöhlen mit Zirbenholz einreibt. „Lustigerweise habe ich gerade heute Morgen im Internet als der millionste Besucher eines Online-Shops für Tierfutter einen Ferrari gewonnen. Damit würde ich die Holde gerne abholen.“

Nervös kaut der gelernte Zirbenschnapsbrenner an einer Zirbe herum, denn sein letzter intimer Kontakt liegt schon länger zurück, wie er gesteht. „Des muss im 1998er-Jahr gewesen sein. Ja genau. Im Herbst, da ist meine Cousine Brigitte weit weggezogen, in die Großstadt, nach Vordertux", so Gerhard nostalgisch.

Voller Hoffnung

Als es schließlich Abend wird, überlegt es sich Gerhard doch noch einmal anders: „So a leichtes Dirndl, des is nix für mich. Ich such schon was Festes." Nachdenklich entsperrt Gerhard sein Smartphone und wartet auf eine Nachricht mit dem Text: „Zurückhaltende Frauen in deiner Umgebung wollen sich mit dir irgendwann vielleicht mal auf einen Kaffee treffen."

LEBEN 29. März 2019

Lonely Wolf Planet: Österreich-Reiseführer für rechtsextreme Terroristen

Foto: chensiyuan/CC BY-SA 4.0, Montage

Sie sind ein rechtsextremer Terrorist und wollen noch einmal so richtig abschalten, bevor Sie mehrere unschuldige Menschen ausschalten? Dann haben wir vom Lonely Wolf Planet für Sie genau

das Richtige: Besuchen Sie Österreich. Nach dem Motto: „1000 Places To See Before They Die!"

Trinkgeld
Trinkgeld gehört in Österreich zum guten Ton. Einem freundlichen Kellner gibt man zehn Prozent der Rechnungssumme. Einem freundlichen Neonazi überweist man 1500 Euro auf das Spendenkonto, einem Erntehelfer bezahlt man 1,50 Euro pro Stunde.

Klima
Österreich befindet sich in der mitteleuropäischen, gemäßigten Chemtrail-Zone. Das Klima für Rechtsradikale ist generell gut. Bevorzugte Reisezeit ist der 20. April.

Bevölkerung
Bis zum Jahr 2015 war in Österreich die weiße Rasse vorherrschend. Inzwischen jedoch ist mit 98 Prozent die Bevölkerungsgruppe der Invasoren vorherrschende Ethnie (Quelle: VKontakte-User „Turbogermano_Erzmöseneder").

Wandern
Achtung! Österreichs Berge sind schön, aber der Aufstieg gefährlich. Rechtsextreme sollten niemals alleine durch Österreich reisen, sondern einen Tourguide buchen, der keine Berührungsängste mit ihrer Ideologie hat und sich nicht zu schade ist, auf dem Rücken von Rechtsextremen auch den höchsten Gipfel zu erklimmen.

Foto: Erwin Scheriau / APA / picturedesk.com

Tierwelt
In Österreich erblicken Sie mit etwas Glück viele seltene Spezies, die als ausgestorben gelten, wie etwa einen Angehörigen der „FPÖ-Historikerkommission".

Kulturelle Highlights
FPÖ-Thinktank
Hier wird der Name „Tank" noch wörtlich genommen. In einem rostigen Panzer, versteckt im Gebüsch des Gudenus-Schlosses, befindet sich diese riesige Bücherei mit toller Auswahl. Vom rechtsextremen Kopp-Verlag bis zu den nicht-linken Fantasy-Romanen der apokalyptischen Edelfeder Martin Sellner. Hier radikalisiert man sich gerne.

Geburtshaus von Martin Sellner
Besuchen Sie das Geburtshaus des wohl größten Denkers der österreichischen Fiktion einer Nation. Umgeben von zu viel Taschengeld, leckerer Hausmannskost der Mama und abgelehntem Liebesbrief einer ausländischen Mitschülerin wird Besuchern schnell klar, wie Martin Sellner zu dem geworden ist, der er heute ist. Eine imposante Diashow zeichnet seinen Werdegang eindrucksvoll nach: vom kleinen Baby, das sich in die Windeln macht, bis zum erwachsenen Neonazi, der sich in die Hosen macht.

Dr.-Jörg-Haider-Kurve
Halten Sie Ihre Taschentücher parat, um dem größten Österreicher seit 1945 zu gedenken. An dieser Stelle wurde Dr. Jörg Haider im Jahr 2008 durch ein Mossad-gesteuertes Raumschiff der Echsenmenschen aus dem Leben gerissen, nachdem er zuvor mit einer Flasche ORF-Vodka gefügig gemacht wurde.

Anreise
Eigenes Schiff chartern, um Flüchtlingsboote zu versenken, dann kentern, sich retten und von NGOs gratis nach Österreich bringen lassen.

Impfungen & Gesundheit
Obwohl es derzeit keine offizielle Seuchenwarnung für Österreich gibt, empfehlen wir dringend eine Prophylaxe für lebensbedrohliche

Krankheiten wie Ostküstenzionismus, Islam, Sozialdemokratie oder Frauenvolksbegehren. Drucken Sie sich hier Ihre kostenlose e-Card aus.

Montage: Tagespresse

Kulinarisches

Zahlreiche gemütliche Wirtshäuser, Kneipen und Kellerlokale sorgen für das leibliche Wohl und bieten oftmals eine gute Gelegenheit, um mit gleichgesinnten Spitzenpolitikern ein anregendes Gespräch zu führen oder gar gemeinsam ein Lied anzustimmen.

Geld & Zahlungsmittel

Das primäre Zahlungsmittel in Österreich ist der Geldkoffer. Wenn Sie über keine Schwiegermutter verfügen, die Ihr Anlagegeschick testen möchte, verfassen Sie einfach eine dreiseitige Studie über irgendwas, egal was (Anm.: funktioniert nur mit Parlamentssitz).

Low Budget

Austauschstudenten können sich gerne für den großen Erasmus-Austausch bewerben. Funktioniert sehr unbürokratisch: Jeder Student bleibt einfach in seinem Land.

Jetzt buchen!

Sie haben Interesse an einem Urlaub in Österreich? Gerne nehmen wir Sie in unseren E-Mail-Verteiler auf. Aber beachten Sie unsere Etikette: Bitte unterlassen Sie hasserfüllte und negative Sprache bei Ihren Aufrufen zum Völkermord.

Extremismus-Verdacht: 32-jähriger Wiener soll Verbindungen zur FPÖ haben

Foto: Harald Bischoff/CC BY-SA 3.0

Auf sozialen Medien mimt Sebastian K. gerne den perfekten Schwiegersohn. Doch neue Vorwürfe bringen dieses Bild jetzt ins Wanken. Der TAGESPRESSE vorliegende Fotos legen den Verdacht nahe, dass der Wiener enge Kontakte zum rechtsextremen Verein „FPÖ" pflegt. Die Behörden ermitteln.

WIEN – Über Jahre hinweg soll der Staatsbedienstete Sebastian K. nicht nur enge Beziehungen zu führenden Persönlichkeiten der FPÖ aufgebaut, sondern diese auch an strategisch wichtigen Positionen im Staatsapparat platziert haben. So soll es der FPÖ gelungen sein, den Staat zu infiltrieren, von innen zu zerstören und ihre menschenfeindliche Agenda umzusetzen.

„Absurd"

Der Beschuldigte selbst streitet die Vorwürfe ab: „Ich und Verbindungen zu dieser widerlichen Gruppierung? Das ist ja absurd", erklärt der gebürtige Wiener Sebastian K. der TAGESPRESSE beim Frühstück um 14 Uhr, während im Radio seiner Meidlinger Studenten-WG FM4 läuft.

Dann schaut er entsetzt auf die Uhr: „Verdammt! Jetzt hab' ich schon zum 635sten Mal hintereinander das Seminar ‚Österr. Geschichte 1938 bis 1945' verpasst, hahaha. Na ja, vielleicht nächstes Semester ..."

Foto: Regina Aigner/BKA, Montage

Auf das Foto angesprochen, wehrt sich Sebastian K. vehement: „Ich treffe jeden Tag sehr viele verschiedene Menschen. Ich kann ja auch nicht jeden kontrollieren, der bei meinen Pressekonferenzen mit mir gemeinsam das Podium betritt, mit mir eine Regierungskoalition bildet oder mir seit Jahren alle meine politischen Inhalte zuliefert."

Keine Verbindungen zu Sekte

Auch mit der autoritären Sekte „JVP" will Sebastian K. nichts zu tun haben: „Das ist der nächste konstruierte Vorwurf der Medien, das ist eine regelrechte Hetzjagd."

K. nimmt einen Schluck Kaffee und blättert nachdenklich in einer arabischen Übersetzung der Europäischen Menschenrechtskonvention. „Ich liebe Menschen", sagt er und setzt ein unschuldiges Lächeln auf. Sebastian K. hat zwar seine Ehre verloren, nicht aber seinen Humanismus.

Regierungskrach: Der WhatsApp-Chat zwischen Kurz und Strache

Foto: Andy Wenzel/BKA, Montage

Sebastian Kurz bringt Heinz-Christian Strache wegen der Verbindungen zwischen FPÖ und den Identitären immer mehr unter Druck. Wie lange wird sich dieser das noch gefallen lassen? DiETAGESPRESSE bekam Einblick in die WhatsApp-Chats auf Straches Handy.

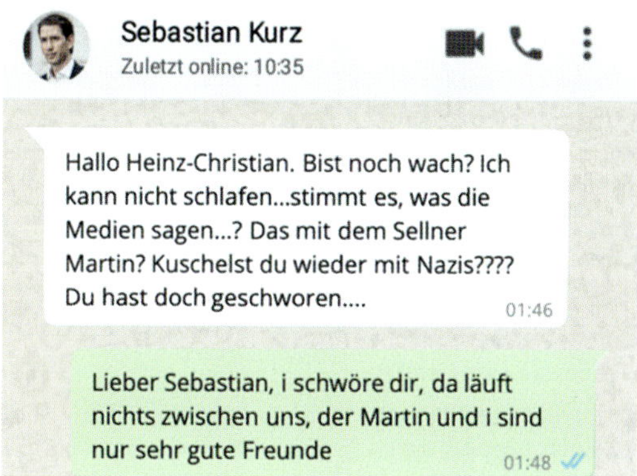

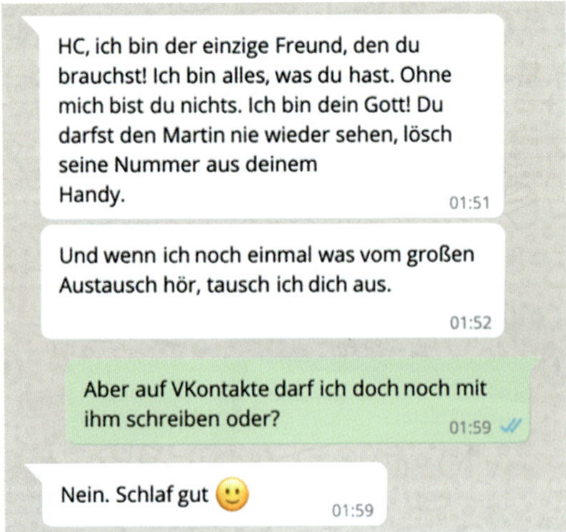
HC, ich bin der einzige Freund, den du brauchst! Ich bin alles, was du hast. Ohne mich bist du nichts. Ich bin dein Gott! Du darfst den Martin nie wieder sehen, lösch seine Nummer aus deinem Handy. 01:51
Und wenn ich noch einmal was vom großen Austausch hör, tausch ich dich aus. 01:52
Aber auf VKontakte darf ich doch noch mit ihm schreiben oder? 01:59
Nein. Schlaf gut 🙂 01:59

Später …

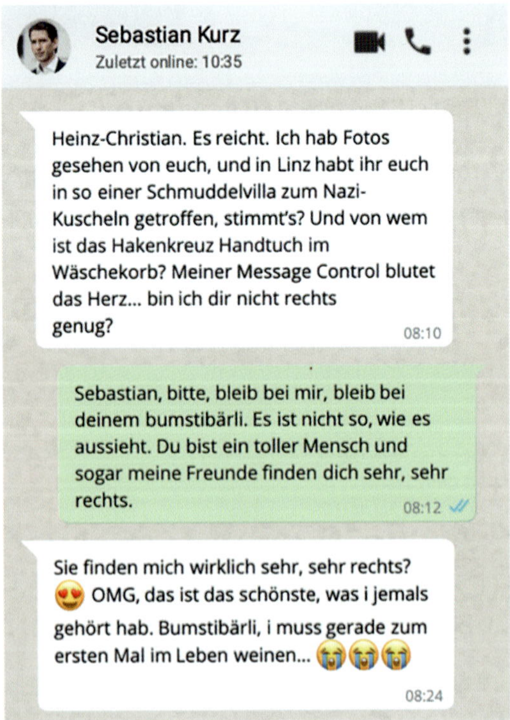
Sebastian Kurz
Zuletzt online: 10:35
Heinz-Christian. Es reicht. Ich hab Fotos gesehen von euch, und in Linz habt ihr euch in so einer Schmuddelvilla zum Nazi-Kuscheln getroffen, stimmt's? Und von wem ist das Hakenkreuz Handtuch im Wäschekorb? Meiner Message Control blutet das Herz... bin ich dir nicht rechts genug? 08:10
Sebastian, bitte, bleib bei mir, bleib bei deinem bumstibärli. Es ist nicht so, wie es aussieht. Du bist ein toller Mensch und sogar meine Freunde finden dich sehr, sehr rechts. 08:12
Sie finden mich wirklich sehr, sehr rechts? 😍 OMG, das ist das schönste, was i jemals gehört hab. Bumstibärli, i muss gerade zum ersten Mal im Leben weinen... 😭😭😭 08:24

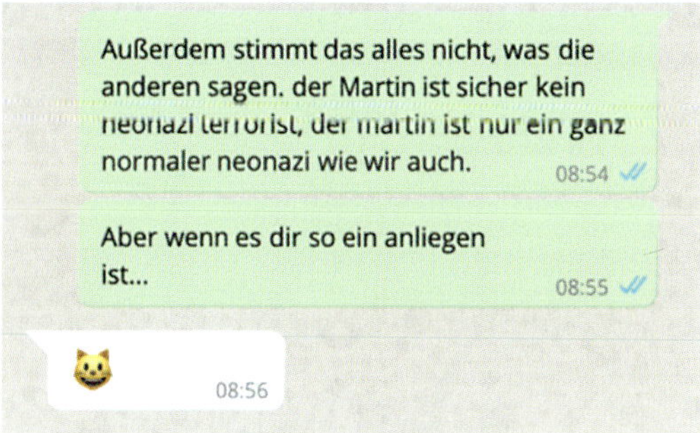

In der darauffolgenden Nacht …

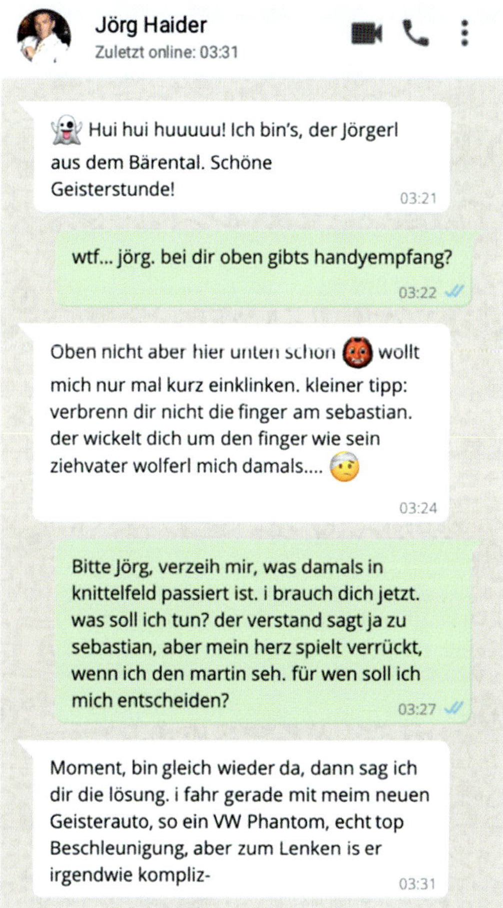

Jörg??????????? Wo bist du???
03:56
Jörg? ich brauch dich ich Bin so allein
05:21

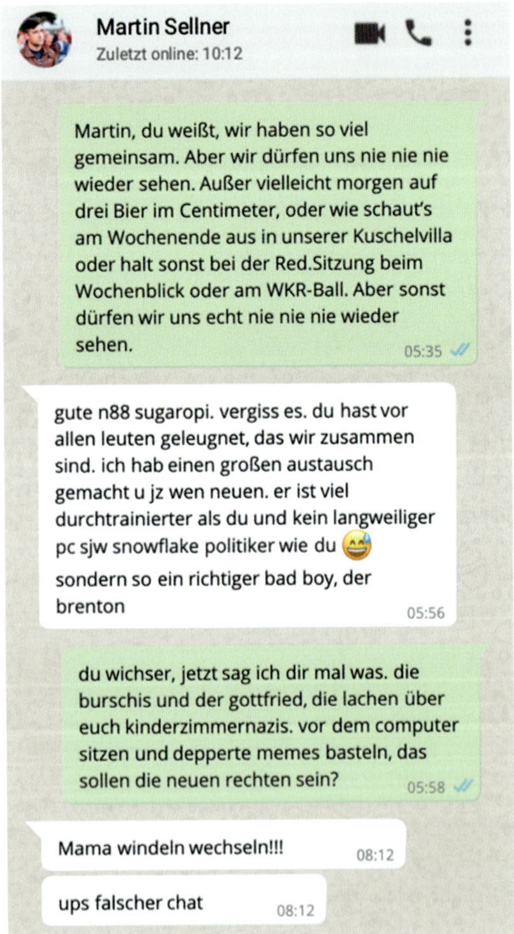
Martin Sellner
Zuletzt online: 10:12
Martin, du weißt, wir haben so viel gemeinsam. Aber wir dürfen uns nie nie nie wieder sehen. Außer vielleicht morgen auf drei Bier im Centimeter, oder wie schaut's am Wochenende aus in unserer Kuschelvilla oder halt sonst bei der Red.Sitzung beim Wochenblick oder am WKR-Ball. Aber sonst dürfen wir uns echt nie nie nie wieder sehen.
05:35
gute n88 sugaropi. vergiss es. du hast vor allen leuten geleugnet, das wir zusammen sind. ich hab einen großen austausch gemacht u jz wen neuen. er ist viel durchtrainierter als du und kein langweiliger pc sjw snowflake politiker wie du sondern so ein richtiger bad boy, der brenton
05:56
du wichser, jetzt sag ich dir mal was. die burschis und der gottfried, die lachen über euch kinderzimmernazis. vor dem computer sitzen und depperte memes basteln, das sollen die neuen rechten sein?
05:58
Mama windeln wechseln!!!
08:12
ups falscher chat
08:12

Ersatz für Teenstar: Schüler werden ab sofort durch Gabalier aufgeklärt

Foto: Rainer Unkel / picturedesk.com, Montage

Der christliche Sexualkundeverein Teenstar wurde nach einem Falter-Bericht aus heimischen Schulen verbannt. Doch es gibt bereits Ersatz: Bildungsminister Heinz Faßmann konnte den renommierten Aufklärungsexperten Andreas Gabalier für die Aufgabe gewinnen. Ab nächster Woche tourt er durch alle Klassenzimmer. Wir waren bei einer Teststunde dabei.

„Was genau ist denn jetzt dieses Hulapalu? Können Sie diesen infantilen Begriff noch näher ausführen", fragt Samira, eine neugierige Schülerin (10), und runzelt skeptisch die Stirn. „Des kann i dir gern noch amal erklären, bis es endlich in dein kleines Weiberlgehirn einigeht", sagt Gabalier lachend.

Der Musiker, der als riesiger erigierter Penis verkleidet vor der Klasse steht, nimmt seine Ziehharmonika und stimmt zum sechsten Mal sein berühmtes Aufklärungslied Hulapalu an. Samira setzt sich ihre Kopfhörer auf.

Fortschrittlicher Unterricht

Der didaktisch fortschrittlich aufbereitete Unterricht scheint zu funktionieren. Neun von zehn Schülern der Testklasse wissen nach der Einheit bei Gabalier, dass man beim Geschlechtsverkehr „die Augen zumacht“, „die Sterndal sieht“ und sich „Hulapalu ins Ohr sagt“.

In einem anschließenden, lustigen Rollenspiel verteilt Gabalier eine Runde Klopfer an die Klasse. „Happy Hour!“, verkündet Gabalier. „Jetzt schnoppt si jedes Manderl a Haserl zum Hulapalu probieren.“

Doch Patrick (11) ist verwirrt. „Herr Andreas, ich weiß nicht so genau, ob ich ein Manderl oder Haserl bin. Ich hab' in den Abhandlungen von Judith Butler gelesen, es gibt auch nichtbinäre, genderqueere und viele andere Geschlechtsidentitäten. Aber Sie sagen, es gibt nur Manderl und Weiberl, was stimmt da jetzt?“

Gabalier wischt sich den Schweiß mit einem Stück Schweinsbraten von der Stirn und sagt: „Phu, liebe Kinder, das sind interessante Worte. Der Herr Andreas würd jo gern noch ein Momenterl bleiben zum Diskutieren und so weiter, aber er muss jetzt leider dringend los.“

SPORT 7. April 2019

Vor eigener Vergangenheit davongelaufen: Strache gewinnt Vienna City Marathon

Foto: Montage

Überraschung beim Vienna City Marathon: Der Sieger heißt Heinz-Christian Strache. Der Vizekanzler ist erfolgreich vor seiner eigenen Vergangenheit davongelaufen und stellte dabei den fünf Jahre alten Streckenrekord ein.

WIEN – „Ich lasse mich sicher nicht von anderen Läufern ins rechte Eck stellen. Ich bin einfach nur davongelaufen", so Strache im Ziel. Trotz 16 Rauchpausen und drei Stopps, um einen Schnitzelsmoothie zu trinken, siegte der Sportminister mit einem Streckenrekord von 2:01:33.

Bundeskanzler Sebastian Kurz ist von Straches Lauf begeistert und umarmt ihn im Ziel. „Lieber H C, du hast allen Österreichern gezeigt, dass es sich bei uns noch immer lohnt, vor seiner Vergangenheit davonzulaufen. Ich gratuliere dir dazu herzlich!"

Augenzeugen berichten davon, dass die Fremdenpolizei während des Rennens mehrere Favoriten aus Äthiopien, Eritrea und Kenia mehrfach aufhielt, um Personenkontrollen durchzuführen.

Vorbildfunktion

„Der Strache-Lauf war das Coolste, was ich je gesehen hab'", sagt der Marathon-Fan Simon (17) aus Eisenstadt. „Ich bin total motiviert, auch vor meinen eigenen Problemen davonzulaufen. Ich bin leider nach dem Paintball-Training ausgerutscht und hab' unabsichtlich einen Sticker mit einem Kreuz mit vier gleich langen, abgewinkelten Armen drauf an eine Synagoge geklebt, aber das kann echt jedem passieren."

Blamage für Rendi-Wagner

Im Schatten von Straches Sieg spielte sich eine sportliche Tragödie ab. SPÖ-Chefin Pamela Rendi-Wagner kam als letzte Teilnehmerin ins Ziel. Sie hörte den Schuss nicht, trat mehrere Stunden lang auf der Stelle und knickte dann auch noch ein.

Immer mehr Untaugliche: Bundesheer führt Online-Wehrdienst ein

Foto: Depositphotos, Montage

Bewegungsmangel, Haltungsschäden, Übergewicht: Immer weniger junge Menschen sind tauglich für das Heer. Um die Landesverteidigung aufrechterhalten zu können, hat das Bundesheer die „Online-Miliz für Gewichtsproblematiker", kurz OMFG, ins Leben gerufen.

WIEN – Untaugliche Wehrpflichtige erhalten zukünftig eine Spielkonsole zugeteilt und können ihren Präsenzdienst auf der eigenen Couch ableisten. Laut Verteidigungsminister Mario Kunasek entsprechen die Konsolen mit dem Namen „Defense-Station" dem gewohnt hohen technischen Ausrüstungsniveau des Heeres. Sie wurden aus von den Alliierten im Jahr 1955 zurückgelassenen Dechiffriermaschinen sowie ausgeschlachteten Eurofighter-Bordcomputern zusammengelötet.

Pionier

Als einer der ersten Rekruten hat der 19-jährige Benjamin Gerstbach aus Wien vor wenigen Tagen seinen Online-Wehrdienst angetreten.

Während er sich im Wohnzimmer mit der Defense-Station über ein tarnfarbenes 56k-Modem auf dem Bundesheer-Server „TÜPL Allentsteig" einloggt, schildert er seine Erfahrungen als Online-Rekrut: „Gleich am ersten Tag bin ich mit meinen fettigen Chipsfingern von der Maus abgerutscht und hab' versehentlich einen Vizeleutnant geheadshottet. Da hab' ich dann als Strafe gleich drei Tage Ausgangspflicht ins Real Life bekommen. Das war schon zach."

Truppenübung

In der Nacht findet unter dem Codenamen „Forstnite" eine große Online-Truppenübung statt: Bewaffnet mit einer Spitzhacke, müssen die Rekruten über einem Wald abspringen, eine Stellung errichten und diese verteidigen. Doch nach wenigen Minuten wird die gesamte Online-Kompanie von einer Eliteeinheit aus zwei elfjährigen südkoreanischen Feinden eliminiert.

Ausbilder „UpperWatch_Masta_69" ist außer sich: „So, Herrschoften, für diesen militärischen Mega-Fail fall' ma gleich mal alle um auf fuffzig Liegestütz!", brüllt der Unteroffizier in den Voicechat.

Alle Rekruten beginnen wie wild zu klicken, um ihre Avatare auf und ab zu bewegen, doch bereits nach zehn Zeigefingerbewegungen brechen die ersten Grundwehrdiener vor Erschöpfung auf ihrer Couch zusammen. Sanitäter eilen herbei und versuchen, ihren Kreislauf mit Cola, Red Bull und Erdnussflips zu stabilisieren.

Untauglich

Wenige Tage später endet der Dienst an der Waffe für Benjamin. Aufgrund einer chronischen Sehnenscheidenentzündung wird er als „untauglich" aus dem Online-Wehrdienst entlassen. Er absolviert ab morgen seinen Online-Zivildienst als Bettpfannen-Entleerer im Krankenhaus von Los Santos.

Forschern gelingt erstmals Aufnahme von Gottes Anus

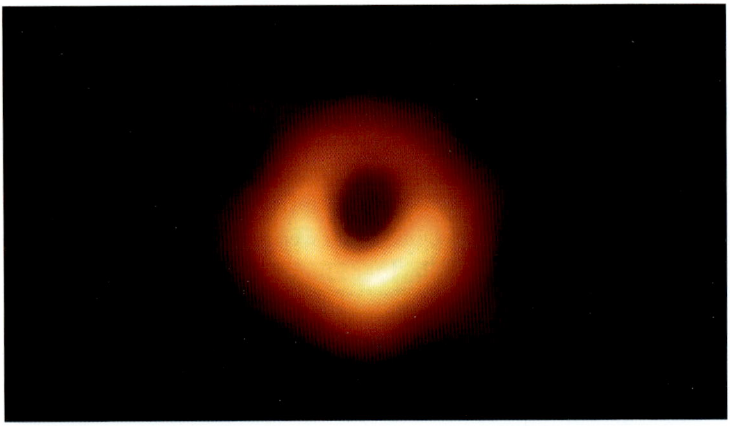

Foto: NASA

Astrophysiker des Projekts Event Horizon Telescope gaben heute eine bahnbrechende Sensation bekannt. Erstmals in der Menschheitsgeschichte gelang ihnen eine Aufnahme vom Anus Gottes. Der Erfolg gilt schon jetzt als Meilenstein der Wissenschaft.

Jubelnd wedelt ein Forscher mit dem Foto durch die Luft. „Jetzt gilt die berühmte Theorie von Albert Einstein als bewiesen, wonach die Größe der menschlichen Dummheit zwingend die Existenz eines riesigen göttlichen Arschlochs voraussetzt."

Die Forscher hoffen jetzt auf die Entwicklung noch besserer Teleskope, mit denen auch göttliche Arschhaare oder himmlische Stuhlrückstände erkennbar gemacht werden könnten.

„Darmspiegelung ist für Männer ab fünfzig Jahren wichtig. Gott ist hier ohnehin schon seit mehr als 520 Millionen Jahren säumig", so der Mediziner Johannes Schellander, bei dem das Foto für Sorgenfalten sorgt. „Der feuerrote Ring deutet auf massive Hämorrhoiden hin."

Um das göttliche Rektum genauer untersuchen zu können, hat die NASA angekündigt, schon im Mai ein riesiges Endoskop ins All schicken zu wollen. „Wir suchen noch Astronauten, die es gewohnt sind, jemandem ganz tief hinten reinzukriechen", so ein Recruiter der NASA, der mit seinem Statement Hoffnung auf eine baldige österreichische Raummission macht.

Privatsphäre verletzt?

Richard Dawkins, Pressesprecher des Allmächtigen, reagiert per Presseaussendung wenig erfreut: „Durch die Veröffentlichung dieser blasphemischen Aufnahme handelt es sich um eine massive Verletzung der Privatsphäre unseres Gottes, mit bürgerlichem Namen Herr Friedrich Nietzsche. Herr Nietzsche und die Gott & Sohn GmbH behalten sich rechtliche Schritte gegen das EHT-Projekt vor."

POLITIK 15. April 2019

Parteispenden von Sozialhilfe abgezogen: Wiener (32) hat über Nacht 2,1 Millionen Euro Schulden

Foto: Montage

Seit Jahren hält sich der ungelernte Meidlinger Sebastian K. nur dank Unterstützung durch den Staat über Wasser. Doch eine neue Maßnahme der Regierung trifft ihn nun hart: K. werden sämtliche an ihn getätigten Parteispenden abgezogen. Er sitzt nun auf einem Schuldenberg von 2,1 Millionen Euro.

WIEN – Nur dank Unterstützung wohltätiger Unternehmer konnte der Wiener Sebastian K. in den letzten Jahren überleben, sich Miete und warme Mahlzeiten leisten sowie eine neoliberale Liste gründen, um einfache Arbeiter auszuquetschen. „Jetzt aber stehe ich vor dem Aus", seufzt K., während er traurig mit dem ersten Gang auf seinem KTM einige Runden durch Meidling dreht.

„Die Parteispenden werden mir wieder abgezogen. Ich soll wieder von einem ganz normalen Politikergehalt leben?", fragt K. entsetzt. „8000 Euro im Monat? Kann man sich da beim Meinl am Graben überhaupt eine Extrawurstsemmel mit Blattgoldgurkerl kaufen?"

Karitative Unterstützung

K. isst wütend seine Extrawurstsemmel und sagt: „Das zieht einem den Boden unter den Füßen weg. Zum Glück gibt es als Politiker aber immer einen doppelten, ja sogar einen dreifachen Boden." K. wird in dieser schweren Zeit durch die „Goldene Gruft" von René Benko unterstützt. Der Investor kaufte der Caritas die Notschlafstelle ab. Künftig werden dort gratis Asozialfälle wie K. betreut.

Für Obdachlose gibt es nach wie vor die Möglichkeit, um nur 150 Euro pro Nacht in der „Goldenen Gruft" einzuchecken.

Neue Einkommensquelle?

Sebastian K. jedenfalls will die Gelegenheit nutzen, um erstmals selbst anzupacken. „Mein Freund Gernot und ich werden ein Start-up gründen. Wir haben da eine Idee für so eine Software. Man meldet sich an, zahlt nur ein paar Euro ein, und irgendwann wird das Geld immer mehr und es verteilt sich automatisch, also auf uns", lacht K. hoffnungsfroh.

Noch jedoch ist der Programmcode mit dem Titel „Regierungsprogramm 2019" nicht funktionstauglich. Außerdem haben die Erfinder des Pyramidenspiels bereits eine Klage wegen Urheberrechtsverletzung eingebracht.

Luxushotel und Büros geplant: Benko kauft Brandruine von Notre Dame

Foto: Depositphotos, Signa Holding, Montage

Gibt es Hoffnung auf einen Wiederaufbau der Notre Dame? Nach dem verheerenden Brand greift der Immobilien-Investor René Benko zu und kauft die Ruine zu einem günstigen Preis. Er will die Kathedrale wiederaufblühen lassen und plant Büros, ein Luxushotel sowie ein Shoppingcenter.

PARIS – „Schon vor Jahren habe ich die halbe Wiener Innenstadt aufgekauft und mit viel unternehmerischem Gespür in eine goldene Geisterstadt verwandelt. Dieselbe Vision habe ich jetzt für Paris", so René Benko in einem Interview mit der Immobilienmakler-Zeitschrift *The Asshole Tribune*.

Mit dem aktuellen Besitzer von Notre Dame, der katholischen Kirche, verstehe sich Benko ausgezeichnet, wie er betont: „Wir haben ja gemeinsame Kontakte. Sowohl bei der Kirche als auch bei meiner Signa Holding sitzt Herr Dr. Mag. Satan im Vorstand."

Vision für Notre Dame

„Ich bin Experte bei der Renovierung von Gebäuden, die ganz zufällig warm abgetragen worden sind", bekräftigt der Tiroler Investor zwinkernd. Mit der Brandruine hat er viel vor: „Die Struktur ist vollkommen veraltet. Zuerst einmal kommt das ganze Holz weg, und wir machen da eine tiptop Glasfassade hin."

Außerdem sollen die längst veralteten, teils Jahrhunderte alten Gemälde mit einer „ästhetisch ansprechenden Tapete" abgedeckt werden, so Benko. „Und da, wo jetzt der Altar steht, da kommt dann die Karstadt-Filiale rein."

Brandursache unklar

Immer noch unklar ist die Brandursache. Bei der katholischen Kirche weist man offiziell jede Schuld von sich. Dennoch: In einer eilig verschickten internen Direktive aus dem Vatikan wurden Pfarren in aller Welt angewiesen, Hexenverbrennungen künftig nur noch im Freien durchzuführen.

POLITIK 23. April 2019

„Haben mit Gedicht nichts zu tun": Ratten distanzieren sich von FPÖ

Foto: Depositphotos, Montage

Für Aufregung sorgte am Osterwochenende ein „Rattengedicht" der FPÖ. Nun melden sich erstmals die Ratten zu Wort. Sie hätten mit diesem „niveaulosen und hetzenden Schund" nichts zu tun und distanzierten sich von der FPÖ.

BRAUNAU/KANALISATION – „Wir sind soziale Lebewesen", erklärt der Sprecher der Ratten gegenüber Journalisten. „Wir helfen anderen Ratten. Jede Ratte ist gleich viel wert. Mit diesen tollwütigen Faultieren und besoffenen Aasgeiern von der FPÖ haben wir nichts zu tun." Die Interessenvertretung der Ratten prüft rechtliche Schritte wegen Rufschädigung und Ehrenbeleidigung.

Auch prominente Ratten gehen auf Distanz zur FPÖ: „Die Qualität des politischen Diskurses erreicht einen neuen Tiefpunkt. Uns auf eine Stufe mit der FPÖ zu stellen, das ist widerlich und abstoßend", erklärt Rolf Rüdiger besorgt in einer Instagram-Story, während er im Wienfluss in einem Klumpen feuchter Toilettentücher nach einem Abendessen sucht.

FPÖ versteht Aufregung nicht

Die Braunauer FPÖ versteht die Aufregung nicht. „Braunau hat ein historisches Erbe, das behutsam gewahrt werden muss. Wir sind die stolze Heimat Hitlers. Noch heute spürt man seinen Geist hier", zeigt sich FPÖ-Vizebürgermeister Schilcher stolz. Derzeit arbeitet der gelernte Misanthrop mit dem Tourismusverband an der Kampagne „Braunau – Urlaub bei Nazifreunden".

Die Aufregung um das Gedicht versteht Schilcher nicht: „Ich habe bloß das Leben aus der Sicht eines Tieres geschildert. Und wer bitte kennt sich besser aus in der braunen Kloake als wir von der FPÖ?"

Kritik von Kurz

Harsche Kritik an diesem weiteren FPÖ-Skandal kommt von Bundeskanzler Sebastian Kurz. Wie jede Woche erscheint er pünktlich um zehn Uhr früh zur Pressekonferenz „Klarstellung des aktuellen FPÖ-Einzelfalles".

Der Kanzler unterdrückt kurz sein Lachen, wird dann ernst: „Migranten mit Tieren zu vergleichen ist abscheulich. Migranten sind Invasoren, Eindringlinge, Minderleister, Tachinierer, Untermenschen und Faulis, aber sicher keine Ratten. Sie haben ja weder Fell noch Schwanz. Dieser Vergleich ist absurd. Danke fürs Zuhören und bis nächste Woche."

9,90 pro Monat: Fitinn bietet Abo für Kunden, die sich nur im Spiegel anschauen wollen

Foto: Depositphotos

Die Fitness-Kette „Fitinn" reagiert endlich auf vielfachen Kundenwunsch. Mit dem neuen Abo „Influencer" können Kunden ab 9,90 pro Monat in den Spiegel schauen, so lange und so oft sie wollen. Die Nutzung der Fitnessgeräte ist im Abo nicht inkludiert.

„Unsere Marktforschung zeigt: Die Hälfte unserer Kunden kommt nur her, um im Spiegel zu begutachten, wie geil sie sind", erklärt Fitinn-Geschäftsführer Matthias Rieß, während er seine Jahresbilanz 2018 im Spiegel betrachtet. In vielen Fitnesscentern stehen daher schon seit Jahren nur mehr Pappgeräte, ohne dass es bisher auffiel, so Rieß.

Kunden zufrieden

„Einfach Bombe. Ich bin zweimal die Woche hier und mach' meine Routine, dreimal zehn Minuten extrem hart in den Spiegel schauen", erzählt Online-Marketing-Experte Claudius (34) der **TAGESPRESSE**.

Das Training bringt ihn körperlich an seine Grenzen: „Oft, wenn ich mich lang anstarre, bekomme ich eine Muskelverhärtung im Schritt. So sagt mir mein Körper: Genug trainiert."

Er sieht bereits nach wenigen Wochen erste Resultate: „Ich bin derzeit in der Massephase. Mein Ego ist extrem gewachsen." Nach seinem Spiegel-Workout stellt er sich auf ein ausgeschaltetes Laufband, um mit einigen lockeren Selfies für sein Instagram zu regenerieren.

Sortiment wird erweitert

Fitinn plant auch Premium-Pakete. Für prüde Besucher gibt es gegen Aufpreis bald das Abo „Privatsphäre", bei dem man nicht in der Garderobe via Sicherheitskameras von den Mitarbeitern beim Umziehen beobachtet wird.

POLITIK 26. April 2019

Galerie: Die EU-Wahlplakate im Überblick

Langsam kommt der EU-Wahlkampf in die Gänge. Die ersten Wahlplakate der antretenden Parteien hängen bereits. DiETAGESPRESSE präsentiert eine Übersicht der Plakatsujets.

Foto: Die Tagespresse

Foto: Die Tagespresse

Foto: Die Tagespresse

Foto: Die Tagespresse

Foto: Die Tagespresse

Foto: Die Tagespresse

„Hilfe, ich bin ein Opfer!“: Vilimsky wirft sich vor Auto von Armin Wolf

Foto: Die Tagespresse / Depositphotos, Montage

Zu dramatischen Szenen kam es heute morgen vor dem ORF-Zentrum am Küniglberg. FPÖ-Politiker Harald Vilimsky warf sich vor das Auto von Armin Wolf, der gerade ausparken wollte.

WIEN – Vilimsky wurde bei dem Unfall extrem leicht verletzt. Der Notarzt diagnostizierte eine schwere Heiserkeit, ausgelöst durch das empörte Geschrei des Politikers. Außerdem rutschte bei der Kollision ein Kieselstein in seinen Schuh.

Vorwürfe, der FPÖ-Politiker habe sich absichtlich vor das Auto geworfen, um sich als Opfer zu stilisieren, weist Vilimsky entschieden zurück: „Ich habe hier ein Beweisvideo. Man sieht eindeutig, wie ein schwarzer Wagen der Marke Volkswolf mit dem Wunschkennzeichen W-ICHTIG rückwärts auf mich zurast.“

Der von der FPÖ entsandte ORF-Stiftungsrat Norbert Steger forderte Konsequenzen und legte Wolf eine „freiwillige Auszeit in Saudi-Arabien“ nahe, damit der ZiB-2-Moderator ein Fahrsicherheitstraining inklusive psychologischer Untersuchung absolvieren könne. Sollte Wolf nicht freiwillig nach Saudi-Arabien fliegen, wolle ihn Steger „persönlich absägen“.

Opferrolle als Programm

FPÖ-Chef Strache ist traurig, dass seine Partei ständig derart bösartig attackiert wird. „Wir sind wieder mal die neuen Juden. Und Wolf ist der neue Hitler. Dieser GIS-finanzierte journalistische Holocaust muss ein Ende haben."

Auch FPÖ-Generalsekretär und Hass-Aficionado Christian Hafenecker ist entsetzt und weint in einem Interview mit der Opferzeitschrift *Krone*: „Es ist schrecklich, wie wir verfolgt werden. Ich weiß jetzt, wie sich die Rohingya fühlen müssen." Auch der FPÖ-Slogan für die EU-Wahl wurde heute präsentiert: „Vilimsky, du Opfer!"

Stenzel empört

Ursula Stenzel, nicht amtsführende FPÖ-Stadträtin und amtsführende Beisel-Königin, ist empört: „Wie der Herr Wolf Auto fährt, das erinnert uns wohl alle an SS-Offizier Franz Murer, den Schlächter von Wilna. Der ist auch immer in seinem Auto rücksichtslos durchs jüdische Ghetto gerast." Sie fordert eine Fortsetzung der Nürnberger Prozesse gegen den „Schlächter vom Küniglberg".

Reha auf der Krim

Vilimsky befindet sich derzeit zur Reha im St. Johann Gudenus-Spital auf der Halbinsel Krim. Dort erholt er sich von seinem schweren Unfall und lernt mithilfe von Physiotherapeuten, wie er trotz des Kieselsteins in seinem Schuh weiterhin nach unten treten kann.

La Le Lu statt Hulapalu gesungen: Gabalier wirft Kindergarten „Faschismus“ vor

Foto: Depositphotos, Screenshot, Montage

Schwere Geschütze fährt Andreas Gabalier gegen einen Grazer Kindergarten auf. Weil dort heute „La Le Lu“ statt „Hulapalu“ gesungen wurde, wirft der völkische Rock'n'Roller der Einrichtung Faschismus vor und verlangt ein Ende der Intoleranz.

GRAZ – „Was am 6. Mai in diesem SPÖ-verseuchten Kindergarten passiert ist, das ist nicht nur traurig und ein Skandal – eigentlich ist es Zensur und Faschismus“, erklärt Gabalier auf einer Pressekonferenz mit bebender Stimme. „Ich fordere diese Kinder-Gestapo auf, meine Menschenrechte zu respektieren und künftig dreimal täglich Hulapalu zu singen.“

Kinder wehren sich

„Wir singen die Lieder vom Andi nicht, weil er ein xenophobes Riesenbaby ist, sondern weil die Texte total blödi sind und infantil“, erklärt Kindergartenkind Laura (4). Auch ihre Kollegen aus der Zeckengruppe nicken mit dem Kopf.

„Außerdem tut der Andi immer so, wie wenn er ein Österreicher wär, aber der kann nicht mal unsere Hymne richtig singen! Ist der noch ein Baby? Zumindest sieht er körperlich so aus mit seinen riesigen, dicken und aufgedunsenen Gliedmaßen."

„Widerwärtig"

Bundeskanzler Sebastian Kurz und Vizekanzler Heinz-Christian Strache bezeichneten den Faschismus gegen Gabalier als „widerwärtig". Als Wiedergutmachung soll am 8. Mai, dem Tag der Befreiung, verpflichtend in ganz Österreich auf jeder Bühne und jedem Radiosender 24 Stunden lang Gabalier gespielt werden.

Überall Faschismus

Gabalier wittert noch weitere Angriffe gegen seine Person. „Auch beim Gedenken in Mauthausen wurden am Wochenende keine Lieder von mir gespielt. Was diese Holocaust-Überlebenden da aufführen gegen mich, ist Faschismus in seiner reinsten Form!"

Andifa

Um den Faschismus zu bekämpfen, hat sich eine eigene Gabalier-Antifa gebildet, die sogenannte Andifa. Nach der Pressekonferenz skandieren die mit Lederhosen, Schnäuztüchern und Schnitzeln vermummten Aktivisten „Alerta, Alerta, Andifascista" und greifen den Kindergarten mit rot-weiß-roten Farbbeuteln an.

Biblische Plage: Himmel über Wien beginnt E-Scooter zu regnen

Foto: Christian Fürthner/MA28, Montage

Hunderttausende E-Scooter regnen seit heute Vormittag auf Wien aus dem Himmel herab und verursachen massive Schäden. Die Behörden fordern die Bewohner der Stadt auf, zu Hause zu bleiben. Die einzige plausible Erklärung für das Phänomen ist eine biblische Plage.

WIEN – Zahllose E-Scooter türmen sich auf Wiens Straßen. Woher sie kommen, weiß niemand. Entlang der Mariahilfer Straße zerstören die herabstürzenden Geräte Gastgärten, Gärten und Gäste. Das Hauptgebäude der Wiener Wirtschaftsuniversität wurde von einem E-Scooter gestreift und stürzte infolge komplett ein.

Die Rettung ist heillos überfordert und ruft alle Menschen auf, mit den E-Scootern, die auf sie gefallen sind, selbst ins Krankenhaus zu fahren.

Unerklärlich

„Es gibt keine logische Erklärung, die sich mit den bis jetzt anerkannten Gesetzen der Physik vereinbaren lässt", ist Physiker Werner Gruber fassungslos, während er mit zittrigen Schweißhänden einen

Rosenkranz betet und den Herrn um Vergebung für seinen jahrelang zur Schau gestellten Atheismus bittet.

„Österreich ist offenbar so konservativ geworden, dass sämtliche naturwissenschaftlichen Theorien und Modelle versagen und keine Beschreibung der Realität mehr zulassen. Lassen Sie mich durch, ich muss in die Kirche", sagt Gruber und flüchtet per E-Scooter Richtung Stephansdom.

Folge des Klimawandels?

Auch ORF-Meteorologe Marcus Wadsak ist ratlos. Er watet durch ein Meer aus E-Scootern und sagt: „Wir haben angenommen, dass es sich bei den E-Scootern um ein kurzfristiges Phänomen handelt. Aber vielleicht sehen wir hier eine irreversible Folge des Klimawandels. Ich hab' aber, ehrlich gesagt, keine Ahnung, ich schau' vor dem Wetterbericht immer aus dem Fenster und sag' dann einfach in die ORF-Kamera, was ich gesehen hab'."

LEBEN 13. Mai 2019

Medizinische Sensation: Chirurgen trennen erstmals Teenager von Smartphone

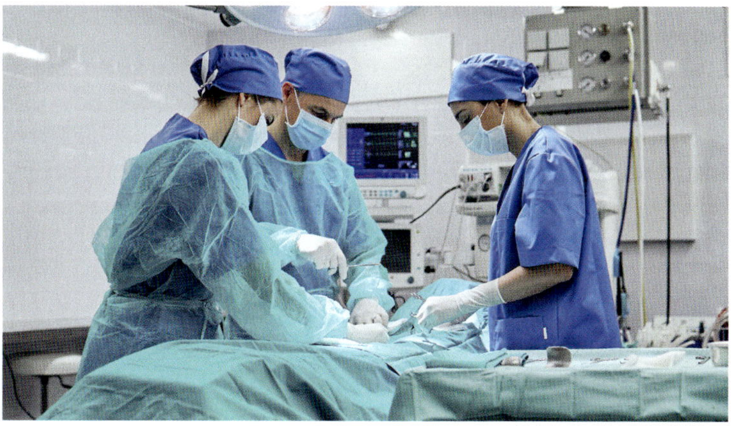

Foto: Depositphotos

Eine medizinische Sensation gelang einem Chirurgenteam des AKH Wien. In einer 36-stündigen Operation trennten sie einen Teenager von seinem Smartphone. Der riskante Eingriff gilt als weltweit einmalig und sorgt unter Ärzten in aller Welt für großes Aufsehen.

WIEN – „Das Smartphone war bereits mit dem zentralen Nervensystem verwachsen. Der Anästhesist musste es für die OP möglichst sanft in den Flugmodus schalten, ohne die lebenserhaltenden Systeme wie WhatsApp oder Instagram zu beeinträchtigen", erläutert Primaria Dr. Sabine Halik von der Universitätsklinik für plastische Telekommunikationschirurgie den heiklen Eingriff.

Im Aufwachraum versuchte der Patient nach der Operation panisch, Instagram auf seinem Überwachungsmonitor aufzurufen. Der Teenager überlebte anschließend sogar vier weitere, qualvolle Stunden ohne Handy, eher er dann, wie erwartet, an Langeweile verstarb. Ethiker fragen sich jedoch, ob es nicht humaner gewesen wäre, den Patienten gleich nach der OP mit einem guten Buch sanft einzuschläfern.

Organspende

Doch der tragische Tod des Patienten war nicht umsonst. Sein entferntes Smartphone fungierte wenig später als lebensrettendes Spenderorgan für eine Gymnasiastin aus Wien-Döbling. Die Siebzehnjährige erlitt einen Schock, als ihr iPhone ins Klo fiel, und wurde in lebensbedrohendem Zustand mit dem Rettungshubschrauber eingeliefert.

Durch die sofortige Verpflanzung des entnommenen Smartphones konnte sie stabilisiert werden. „Leider handelt es sich beim Spenderorgan um ein gewöhnliches Galaxy S9. Es wird vom Organismus der Spenderin bereits abgestoßen. Wir hoffen, dass wir bald ein goldenes iPhone XS reinbekommen, sonst schaut es schlecht aus."

„Vielleicht wähl' ich die Grünen": Interview mit Andreas Schieder

Foto: Roland Schlager / APA / picturedesk.com

Heute treffen wir SPÖ-Spitzenkandidat Andreas Schieder während seiner Wahlkampf-Tour durch die SPÖ-Zentrale in der Löwelstraße. Dort versucht er, unentschlossene SPÖ-Funktionäre davon zu überzeugen, ihn zu wählen und nicht die FPÖ.

DiETAGESPRESSE: Man bezeichnet Sie als blass, farblos, bieder, angepasst und aalglatt.
Andreas Schieder: Ich sehe, Sie haben mein Wahlprogramm aufmerksam gelesen.

Würden Sie diese Beschreibung einfach so stehen lassen?
Nein, natürlich nicht. Ich würde mich auch noch als matt, letschert und hoffnungslos bezeichnen.

Aber in einem Wahlkampfvideo zeigen Sie sich dann doch wieder agil beim Downhill-Mountainbiken. War das ein Stunt-Double?
Nein, das war echt. Ich bewege mich auch in meiner Freizeit gerne mit extrem hoher Geschwindigkeit abwärts, nicht nur beruflich. Ich bin ein Adrenalinjunkie. Ich brauch' das einfach, so schnell runter-

zurasen, egal ob vom Semmering oder in den Umfragen. Das gibt mir den Kick.

Wie will die SPÖ die soziale Ungleichheit in der EU bekämpfen?
(lacht) Ich versteh die Frage nicht.

Anders gefragt: Warum sollte man Sie am 26. Mai wählen?
Vielen Dank für diese Frage. *(Schieder denkt lange nach)* Battery 46 Prozent Recording.

Lesen Sie gerade das Display des Aufnahmegeräts ab?
(flüstert sich selber zu) Andi, du schaffst das, das hast du in der Therapie geübt.

Ihnen fällt doch sicher etwas ein, was Sie gut können.
Ich bin ein guter Verlierer. Eine Fähigkeit, die ich über Jahre bis zur Perfektion geübt habe.

Stichwort Verlieren. Sie wollten Wiener Bürgermeister werden, unterlagen aber Michael Ludwig. Hegen Sie Groll?
(Schieder nimmt wortlos einen Rubik-Würfel aus seinem Rucksack und beginnt, ihn zu lösen)

Herr Schieder?
(ausdruckslos) Manchmal sagen mir die Stimmen in meinem Kopf, ich soll den Michi Ludwig anzünden. Aber ich will doch ein braver Bub sein.

Wie wollen Sie die Wähler überzeugen?
Das persönliche Gespräch mit den Menschen ist wichtig. Gestern konnte ich etwa in einem zweistündigen Selbstgespräch mich selbst überzeugen, vielleicht mich zu wählen.

Vielleicht?
Ja, schau ma mal. Vielleicht wähl' ich auch die Grünen. Vielleicht bleibe ich auch zu Hause, damit die SPÖ endlich versteht, dass sie sich ändern muss.

Die internen Querelen in der SPÖ sorgten für Schlagzeilen. Haben Sie sich mit Hans Peter Doskozil ausgeredet?
Die Gespräche mit der SPÖ Burgenland laufen derzeit. Wir haben gestern einen Gesandten mit einem Friedensangebot nach Eisenstadt geschickt. Heute kam sein abgetrennter Kopf mit einem UPS-Paket. Das ist ein großer Fortschritt. Der Kopf des letzten Gesandten kam mit Hermes, die sind furchtbar, die läuten nie an, und du musst zum Abholen immer in irgendeinen Handyshop.

Wollen Sie unseren LeserInnen abschließend etwas mitteilen?
Ich appelliere an Unentschlossene, diesmal nicht das geringste Übel zu wählen, sondern das Übel mit den geringsten Chancen.

POLITIK 16. Mai 2019

Nächste Fantasieuniform: Kickl erscheint im Parlament als Avenger

Foto: Montage

Nach der fantasievollen Uniformierung im gestrigen Ministerrat überrascht Herbert Kickl auch heute wieder mit seiner verspielten Kreativität. Der Innenminister sprach im Hohen Haus überraschend als Captain America von den Avengers zu den Nationalratsabgeordneten.

WIEN – Ein Raunen geht durch das Parlament, als Kickl in seiner bunten Verkleidung durch die Tür tritt. Etwas selbstbewusster als sonst, aber ohne näher auf seine Uniformierung einzugehen, stellt er sich ans Podium und hält eine Rede über unterschiedliche aktuelle FPÖ-Themen wie „Islam“, „Moslems“ oder „islamische Moslems“.

„Liebe Superhelden“, sagt Kickl und zeigt auf seine Parteikollegen, „unser Land steht vor dem Abgrund. Wir werden überrannt von blutsaugenden Mutanten-Moslems. Wir müssen diese Superschurken besiegen! Kommt mit, helft mir!“

Kickl streckt die Arme aus und springt vom Podium, um abzuheben, purzelt dann aber drei Stufen hinab. „Sogar meine Macht ist begrenzt“, sagt der Innenminister und hofft auf die Unterstützung seiner Kollegen Harald Vilimsky (Rat-Man), Ursula Stenzel (Der unglaubliche Alk), Christian Höbart (Irony Man) und Sebastian Kurz (Black Widow).

Überrascht

Von Journalisten auf seine unkonventionelle Kostümierung angesprochen, reagiert Kickl erst überrascht, erklärt sich schließlich aber doch noch: „Super Uniform, oder?“, lacht der „superste Innenminister aller Zeiten“ (Zitat: Herbert Kickl). Dann hält sich Kickl sein Schild theatralisch vor das Gesicht und blickt langsam nur mit den Augen über dem Schild hervor: „Ich habe mich im Kino etwas inspirieren lassen, bei Avengers: Endsieggame.“

Nach seiner Rede verlässt Kickl das Parlament genauso schnell, wie er gekommen ist. Vor dem Parlament parkt bereits sein Tretpanzer, mit dem er anschließend in Schrittgeschwindigkeit nach Hause rollt.

Doch kein Treffen mit Kurz: Strache nimmt sich persönlichen Feiertag auf Ibiza

Foto: Spiegel.de

Eigentlich hätte Heinz-Christian Strache heute um elf Uhr einen unangenehmen Termin bei seinem Chef gehabt. Doch er hat sich kurzerhand für einen persönlichen Feiertag entschieden, den er auf Ibiza verbringt.

IBIZA – „So, hereinspaziert", sagt Strache und öffnet die Tür einer Villa, die er spontan auf *Airbnb.ru* gebucht hat. „Nicht wundern. Da am Tisch ist mir nur ein Salzstreuer umgefallen, ich hab' vorhin Pommes gemacht."

Er wischt eine weiße Linie weg und bietet uns tiefbraune Pommes an. „Ist das eh keine Kamera oder Wanze?", sagt Strache, lacht nervös und versucht, das Muttermal eines Redakteurs herunterzukratzen.

„Sorry, ich bin bissl durchn Wind. Stress im Beruf, wer kennt das nicht?", lacht er verlegen. Auf der Terrasse der Villa sitzt Johann Gudenus. Er starrt schweigend in den Himmel. Strache zieht sich eine Dose Red Bull durch die Nase und sagt: „Mein Chef hat so einen Hals, weil ich Österreich viel zu billig an die russischen Oligarchen verkaufen wollte und nicht viel zu billig an österreichische Oligarchen, das hab' ich ordentlich verhaut", schüttelt Strache den Kopf.

„Und er hat gerade echt die Nase voll, weil ich mir angeblich mit den Russen die Nase vollgemacht haben soll, aber das ist alles frei erfunden. Ein HC zieht kein Koks, Koks zieht einen HC, kleiner Scherz, ich bin clean und auf Regierungslinie."

Strache springt auf. „Moment, da am Couchtisch hab' ich ein Chemtrail entdeckt." Er kniet sich hin und beseitigt die weiße Linie. „So, zack, zack, zack, jetzt passt's wieder. Ich bin nur bissl paranoid gerade, haha!" Gudenus steht auf und geht schweigend ins Mittelmeer, bis sein Kopf verschwunden ist.

54 Videos

Warum hat uns der FPÖ-Chef in seine gemietete Villa gebeten? „Ich zeig' euch jetzt was", sagt Strache und klappt seinen Laptop auf. „Da sind 54 Wehrsport-Videos drauf. Volles Programm, inklusive Bestellung von fünf Bier. Alle gefilmt von meinem Kameramann Gottfried. Sucht's euch eins aus. Vielleicht wollt's eine richtig große Geschichte machen?"

„Ned scho wieder"

Wir verabschieden uns von Strache. In der Einfahrt der Villa hören wir ihn schreien. „Naaaaa, fuck, fuck, fuck! In dem Hurenscheiß-Red-Bull war a Kamera. Ned scho wieder! Warum machst du das mit mir, Sebastian?"

„Ich wundere mich täglich, was alles möglich ist!" – Gastkommentar von Sebastian Kurz

Foto: Wikipedia

Wahnsinn! Was waren das für aufregende Stunden. Viel ist passiert, und eines kann ich schon jetzt mit Sicherheit sagen: Die letzten Tage werde ich so schnell nicht wieder vergessen.

Mein eigener Vizekanzler will einen russischen Oligarchen zum Kauf der *Krone* bewegen. Zum Glück gehört sie mittlerweile zur Hälfte einem österreichischen Oligarchen. Das war ja noch mal knapp!

Eines muss ich schon loswerden: Tag für Tag wundere ich mich aufs Neue, was alles möglich ist. Da denkt man, man hat alles gesehen, und dann taucht ein neues Facebook-Posting, ein neues Küssel-Interview, ein neues Urlaubsvideo aus Ibiza auf. Das schätze ich so an der Politik: Keine Wiederbetätigung ist wie die andere, es gibt immer Abwechslung.

Alltag

Dabei sind die letzten Wochen so angenehm ruhig verlaufen. Meine obersten Justizbeamten tragen einen offenen Krieg gegeneinander aus, unser Geheimdienst ist international isoliert, mein Koalitionspartner attackiert ganz offen Journalisten ... ganz normaler, grauer Alltag eben, eine trügerische Stille, die einen vergessen lässt, wie schnell in der Politik manchmal der Sonnenschein hinter finsteren Gewitterwolken verschwinden kann.

Natürlich melden sich jetzt kritische Stimmen zu Wort. Irregeleitete Trittbrettfahrer, die mir unterstellen: „Sebastian, das hättest du kommen sehen müssen!" Doch diesen Kritikern richte ich eines aus: Hätte es für mich auch nur den leisesten Verdacht gegeben, dass die FPÖ irgendwas mit Rechtsextremismus oder Korruption zu tun hat, dann wäre ich der Erste gewesen, der aufschreit: „Halt! Mit dieser Partei arbeiten wir nicht zusammen." Denn bei unseren christlichsozialen Werten machen wir keine Kompromisse.

Tja, wie geht es jetzt weiter? Das weiß nur der allmächtige Vater. Aber der Wolfgang (Schüssel, Anm.) ruft mich jeden Moment an und gibt die weiteren Anweisungen durch. Dann weiß ich es auch. Bis dahin bleibt uns nichts anderes übrig, als uns zurückzulehnen, die Füße hochzulegen, und dieses bizarr-schöne Schauspiel einfach zu genießen!

Sebastian Kurz (32) ist ausgebildeter Maturant und Bundeskanzler der Republik Österreich.

Neuwahlen: Kurz will erst ab Herbst wieder mit FPÖ regieren

Foto: BKA/Andy Wenzel

Bundeskanzler Sebastian Kurz beendete heute Abend die Koalition. Nach dem Skandal um Strache und Gudenus zeigt er sich enttäuscht von der FPÖ – er will erst ab Herbst wieder mit den Freiheitlichen koalieren. „Dann ist das Ibiza-Video schon Schnee von gestern“, so Kurz wörtlich.

WIEN – „Mit dieser FPÖ kann man derzeit nicht weiterregieren, sondern erst wieder nach dem Sommer, wenn die Österreicher die aktuellen Ereignisse wieder vergessen haben“, erklärte ÖVP-Chef Kurz.

Kritik, er habe sich mit der Entscheidung zu lange Zeit gelassen, versteht der Kanzler nicht: „Die Schweigekonferenz war von Anfang an um 19:45 Uhr angesetzt. Ich wollte mir zuerst noch den Rückhalt der Basis holen, also von der Industriellenvereinigung und vom René. Und ich hab' dem HC jede Information mühsam aus der Nase ziehen müssen."

Der Bundeskanzler zeigt sich entsetzt vom Ibiza-Video, wie ein Pressesprecher erklärt, während Kurz sich wieder wegdreht, um mit dem Handy zu spielen: „Vorgestern war die Welt noch heilheil. Wir hatten eine klare Regierungsvereinbarung, und die lautete, dass wir uns nicht dabei erwischen lassen, wenn wir das Land verscherbeln."

Das Verhalten von Strache und Gudenus habe in der ÖVP für Irritation gesorgt: „Das widerspricht unserer bürgerlichen Etikette. Gudenus sieht aus wie Vince Vaughn bei Wedding Crashers, in der Szene, wo er sich die Hoden einzwickt. Und Strache wirkt wie ein Naseweis auf seiner ersten Afterhour. Da hat er seine Nase in die falsche Sache hineingesteckt. Ich will den beiden das Video nicht länger unter die Nase reiben, aber da blutet einem beim Zuschauen schon die Nas-, äh, ich mein das Herz."

„Zack, zack, zack"

Kurz will nun im Herbst die Neuwahlen abwarten, um dann mit einer veränderten FPÖ in seine dritte Regierung zu starten: „Das geht zack, zack, zack", lächelt Kurz. „Ein paar FPÖ-Leute raus. Ein paar Neue rein. Ich nenne es den großen Austausch." Den Wahlen blickt er positiv entgegen: „Schau, wenn ich die *Krone* kaufe, und die pushen mich drei Wochen vor der Wa... Oh, Moment. Mir gehört die *Krone* ja schon ..."

POLITIK 20. Mai 2019

Letzte Verzweiflungstat: Kickl marschiert mit sieben Pferden in Polen ein

Foto: BMI / Gerd Pachauer, Montage

Erleben wir ein letztes Aufbäumen eines Innenministers mit dem Rücken zur Wand? Herbert Kickl marschierte heute Morgen mit sieben Polizeipferden in Polen ein. Er selbst spricht von einem Befreiungsschlag, Beobachter jedoch von einer letzten Verzweiflungstat vor seiner Absetzung durch Sebastian Kurz.

KATOWICE – „Seit 05:45 wird zurückgeritten. Ich rufe hiermit das nächste Deutsche Reich aus!", schreit Kickl vor dem McDonald's am Bahnhof Katowice vom Rücken eines Pferdes. Mehrere Passanten drehen sich um und schütteln den Kopf. Ein Bettler gibt dem Pferd ein Stück von einem Baguette.

Die polnische Polizei nimmt Kickls Personalien auf und stellt ihm eine Geldstrafe über 300 Zloty aus. „Nehmen Sie auch Kickback-Zahlungen?", lacht Kickl den Inspektor an und trabt schließlich weiter. „Los! Vorwärts! Jetzt erst recht! Weiter geht's nach Norwegen und dann rüber nach Frankreich! Hü hott!"

Aufgebrochen ist Kickl in Wien noch mit seinen Weggefährten Heinz-Christian Strache und Johann Gudenus, die jedoch bereits an der A4 Richtung Moskau abgebogen sind und Fahnenflucht begangen haben. „Diese Vaterlandsverkäufer sind zum Bolschewik übergelaufen", seufzt Kickl und schnäuzt sich in seine SS-Fantasieuniform.

Schock

Doch dann der Schock: Mitten in Polen verliert Kickl schließlich fünf seiner sieben Pferde. Sie verenden qualvoll, nachdem sie die Zyankali-Tabletten gefressen haben, die Kickl eigentlich für den unerwarteten Fall einer Niederlage für sich und seine Parteikollegen hat aufheben wollen.

Letzter Angriff

Völlig entkräftet trabt Kickl mit seinen letzten zwei Pferden durch die polnische Peripherie und sagt zu seinem imaginären Begleiter, der auf dem Rücken des anderen Pferds sitzt: „Jetzt sind wir nur noch zu zweit, mein treuer Freund. Nur du und ich, Sancho Panzer." Manisch lachend gibt Kickl seinem Pferd die Sporen und reitet mit einer Lanze, die eigentlich eine *Kronen Zeitung* ist, auf ein Flüchtlingsheim zu, das eigentlich eine Windmühle ist.

„Fehler in der Durchführung“: Hofer fordert Wiederholung des Ibiza-Abends

Foto: FPÖ TV / Screenshot, Montage

War die ganze Aufregung der vergangenen Tage vorschnell? Der neue FPÖ-Chef Norbert Hofer ficht die Gültigkeit des verhängnisvollen Finca-Abends in Ibiza an. Er fordert eine Wiederholung und will notfalls vor den Verfassungsgerichtshof ziehen.

WIEN/IBIZA – „Es kam zu mehreren Unregelmäßigkeiten“, erklärt Hofer. „Auf der Couch waren keine FPÖ-Wahlbeisitzer anwesend. Außerdem hat sich der Klebstoff vom Kokssäckchen gelöst, es hat sich von selbst geöffnet.“ Auch das Bestechungsgeld wurde offenbar falsch ausgezählt. Hier prüft die FPÖ eine Schadenersatzklage gegen die russische Oligarchin.

Wiederholung

Da die Zeit drängt, wartet die FPÖ nicht auf einen Urteilsspruch, sondern führt die Wiederholung unter extremen Sicherheitsvorkehrungen auf eigene Kosten durch. Als Zeichen für Transparenz sind diesmal sogar Medienvertreter zugelassen. „Bitte, immer rein mit euch, zack, zack, zack“, lächelt Hofer und bittet uns in die Finca.

Hochspannung

Gemeinsam mit den Beisitzern der Villa treffen schließlich auch die Protagonisten Heinz-Christian Strache und Johann Gudenus in der Finca ein. „Liebe Kollegen! Heute bitte keine Fehler mehr“, schwört Hofer die beiden ein, klopft ihnen auf die Schulter und schubst sie in das Wohnzimmer.

Die Kameras laufen, eine Fake-Oligarchin betritt den Raum, die Show beginnt. „Bist du deppat, die ist ja noch schärfer als die Letzte“, sagt Strache zu Gudenus. Beide lachen. „Heast Joschi, coole Go Pro auf deim Kopf. Trägt ma des jetzt so?“ Gudenus greift sich kurz verwirrt auf die Stirn. „Ach so, nein, das hat mir die Russin da aufgesetzt. Gastgeschenk. Schaut geil aus, oder?“

Strache wird kurz misstrauisch und nimmt Gudenus zur Seite. „Joschi, glaubst das ist schon wieder eine Falle? Die hat ja nicht einmal Fußnägel!“ Gudenus begutachtet die Russin, gibt aber Entwarnung: „Na, das ist keine Falle. Zweimal passiert einem so was nicht. HC, ich hab’ ein gutes Gefühl bei der Sache.“

Strache wird locker und schenkt allen noch ein Glas Vodka ein. „Sodawasser, kürz ma das Ganze ab, her mit dem Schwarzgeld und jetzt Party! High High High Society!“

Aus den Boxen dröhnt: „We’re going to Ibiza“ von den Vengaboys. Gudenus schunkelt, Strache singt: „Whoah, back to the Island“. Doch dann ein Zwischenfall: Gudenus fällt beim Aufheben des Schwarzgeldkoffers vollgekokst durch den Glastisch. Hofer bricht die Wiederholung ab: „Cut, Cut, Cut!“ Mehrere Securitys drängen die anwesenden Medienvertreter aus der Villa. Ob die FPÖ den Abend noch einmal anfechten wird, bleibt offen.

Auto gegen Wand gefahren: Kurz beschuldigt Auto und Wand

Foto: Außenministerium/Dragan Tatic, Montage

Schrecksekunde für den Bundeskanzler: Sebastian Kurz ist heute Vormittag mit seinem Auto mit hoher Geschwindigkeit gegen eine Wand gefahren. Er blieb dabei unbeschadet und fühlt sich nach dem Unfall „stärker als zuvor".

WIEN – „Lassen Sie mich bitte zuerst sagen, wie wichtig mir unsere Autos und unsere Wände sind. Ich bin zwar am Steuer gesessen, aber ich war in den letzten Stunden selbst nur Passagier", so Kurz.

Vor Journalisten erzählt er den genauen Unfallhergang: „Ich wollte die Vergangenheit hinter mir lassen und dieses schöne Auto und unser schönes Österreich nach vorne bringen und fahre deshalb genau in der Mitte und lenke nach rechts, damit es nicht nach links abbiegt. Und dann kommt diese Wand auf mich zu, und plötzlich war das Auto wie ferngesteuert von einer unsichtbaren Hand. Ich möchte hier nicht Gerüchte streuen, aber Tal Silberstein hat mir ins Lenkrad gegriffen."

Dennoch bedankte er sich beim Auto für die gute Zusammenarbeit der letzten Jahre, während es vom ÖAMTC verladen und Richtung Schrottplatz transportiert wird. Mehrere ÖVP-Funktionäre gratulieren Kurz euphorisch zu seinen Fahrkünsten.

FPÖ empört

Scharf kritisiert wurde der Unfall von Herbert Kickl, der Kurz Machtbesoffenheit am Steuer vorwarf: „Er rast ohne Rücksicht auf Verluste quer durchs Land und führt dabei im Rausch gleich mehrere FPÖ-Minister nieder." Auch Kickl selbst wurde Opfer der Amokfahrt und fiel bei einem Crash von seinem hohen Ross. Er überlebte nur dank seiner schützenden Iron-Man-Fantasieuniform, die er zufällig trug.

Zukunft unklar

Eine Journalistin, die Kurz fragt, wie es jetzt weitergehen soll bis zur Neuwahl, wird von dreißig Kurz-Pressesprechern von der Unfallstelle weg eskortiert. Für den Wiener Rechtsexperten Heinrich Frank ist jedenfalls nicht klar, dass die Versicherung den Schaden zahlen muss: „Das ist grob fahrlässig. Ein Junglenker ohne Erfahrung, der sich ins Auto setzt mit so vielen Kasperln, da war ein schwerer Crash nur eine Frage der Zeit."

POLITIK 21. Mai 2019

„Scheiß korrupte Politiker": Mann will aus Protest im Herbst FPÖ wählen

Foto: Depositphotos, Montage

Mario F. aus Wien Meidling hat die Nase voll von korrupten Eliten. Nach den Ereignissen der vergangenen Tage ist er desillusioniert, enttäuscht und wütend. Deswegen will er der Regierung im Herbst die Rote Karte zeigen und aus Protest sein Kreuzerl bei der FPÖ machen.

MEIDLING – Der Systemadministrator Mario F. fühlt sich hintergangen. „Korrupte Arschlöcher. Alle!", schimpft Mario F. „Schaut's euch das Video an. Da zieht der Vizekanzler unseres Landes auf Steuerkosten fein Koks aus dem Nabel einer Russin, aber unsereins muss sich das Koks selbst zahlen. Genug ist genug!"

Seiner Abneigung gegen die „geldgeilen Systemeliten" will der Wiener an der Wahlurne Ausdruck verleihen: „FPÖ, was sonst? Der HC ist einer von uns, einer von der Straße, der hat sogar einen Hund als Haustier. Der wird durchgreifen gegen diese korrupten Systemhuren wie diesen Vizekanzler da. Für was brauch' ma den eigentlich? Jetzt erst recht!"

Genug von Eliten

Für Mario F. kann es so nicht weitergehen. „Ich will jetzt keine Verschwörungstheorien verbreiten, aber es kann nicht sein, dass unsere Ostküsten-Regierung, dieser GIS-Echsenmensch Armin Wolf und die Soros-Flüchtlinge mit Strache im Silberstein-Koks baden, während ich mich mit einer Erbschaft von lächerlichen 900 000 Euro vom Adi-Opa durchschlagen muss."

FPÖ will endlich in Regierung

Die FPÖ plant bereits den Wahlkampf und will sich ganz auf von der Regierung enttäuschte Wähler konzentrieren. „Sebastian Kurz hat die Österreicher verraten", erklärt FPÖ-Chef Norbert Hofer.

Gerüchte, wonach es Videobeweise geben soll, die zeigen, dass auch FPÖ-Politiker in der Regierung waren, bestreitet Hofer vehement: „Das kann nicht sein. Ich habe in meiner Liste nachgesehen. Unsere Parteimitglieder waren seit Jahren nicht mehr in Wien, sondern nur mehr auf Ibiza und in Moskau."

Statt Freibier: FPÖ serviert Fans heuer hausgemachte Opferrolle

Foto: Karl Gruber / Wikimedia Commons / CC BY-SA 4.0

FPÖ-Fans dürfen sich freuen: Statt Freibier erwartet sie heuer bei allen Wahlkampfveranstaltungen eine hausgemachte Opferrolle. Eigentlich ist das Rezept ein gut gehütetes Geheimnis, das unter den Parteichefs seit Generationen weitergegeben wird, doch wir bekamen jetzt erstmals Einblick.

Für die Masse:

- 600 Gramm handelsübliches Kokain (glatt)
- 2 Dosen Red Bull
- ein großzügiger Schuss Wodka und ein Schuss aus Ihrer Glock
- 150 ml Leitungswasser (erhältlich um 9,90 EUR im FPÖ-Webshop)
- mit K.o.-Tropfen abschmecken (Liquid Ecstasy aus dem Supermarkt)
- zum Würzen zwei dreckige Zehennägel einer russischen Oligarchen-Nichte
- Achtung: keine Eier!

Zubereitung:

- Verrühren Sie alle Zutaten zack, zack, zack mit Ihrem eigenen Selbstmitleid.
- Den Biskuitteig wie die eigenen Wähler um den Finger wickeln, würzen, abschmecken („Bist du deppat, ist der Teig schoaf“).
- Schieben Sie den Kuchen in den Ofen und die Verantwortung für Ihr Fehlverhalten auf andere.
- Backen Sie die Zutaten entweder bei 180 Grad im Ofenrohr, oder stellen Sie die Masse sieben Stunden lang auf Ibiza in die Sonne.
- Um den Teig zu prüfen, den Backofen mit zwölf Videokameras überwachen.

Fertig ist die Opferrolle! We make party now! Schneiden Sie den Kuchen in extrem ungleich große Teile und verteilen Sie die größten Stücke an Heidi Horten, Gaston Glock, René Benko oder auch einen russischen Oligarchen. Die Brösel heben Sie für den kleinen Mann auf der Straße auf und sagen ihm, ein Ausländer habe sein Stück aufgegessen. Fallen Sie am Schluss auf den Boden und halten Sie sich schreiend Ihr Knie. Mahlzeit, Sie sind der neue Jude!

Expertentipp von der Bäckerei „Zum schneeweißen Joschi“: Falls der Kuchen nicht gelingt, kein Problem. Nehmen Sie einfach K.o.-Tropfen zu sich und beginnen Sie nochmals von vorn.

„Dieser Mann hat mich ruiniert“: Strache enthüllt Verantwortlichen des Ibiza-Videos

Foto: Andy Wenzel/BKA, Montage

Der Hauptverantwortliche des Ibiza-Videos ist enthüllt. Heinz-Christian Strache gelang es mithilfe von Videoforensikern der FPÖ, jenen Mann auszuforschen, der ihn im Video reingelegt und in Verruf gebracht hat. Jetzt will Strache seinen Ruf wiederherstellen.

WIEN – „Hier, bei Minute zwei, sieht man sehr deutlich, wie dieser ominöse Herr ‚HC‘ den Raum betritt und sieben Stunden lang skandalöse Behauptungen aufstellt, Staatsaufträge gegen Parteispenden anbietet und die Medienlandschaft ‚orbanisieren‘ will“, sagt Strache erschüttert. Er zeigt verblüfften Journalisten das kompromittierende Beweismaterial:

Wer ist dieser mysteriöse „HC“?

Foto: Screenshot

„HC das Handwerk legen“

„Ich kenne ihn zwar nicht persönlich, aber so wahr ich Heinz-Christian Strache heiße, fordere ich diesen HC aus dem Video auf, sich bei den Behörden zu stellen“, so Strache triumphierend, der als Zeichen für seine Unschuld seine Nase heute ganz in Weiß gepudert hat.

Der ehemalige FPÖ-Chef ist fest entschlossen, alle Vorwürfe zu widerlegen und seinen Ruf wiederherzustellen. Er wolle nun HC, den er einen „vollgekoksten Laiendarsteller wie aus einer peinlichen ORF-Sitcom von vollgekoksten ORF-Autoren“ nennt, das Handwerk legen.

Videofalle

Noch heute Abend will er HC in eine Videofalle locken. „Wir haben in Ibiza eine Finca gemietet und davor ein Schild mit ‚We make Oligarchen-Party now (not fake – very real)‘ aufgestellt.“

Um HC auch wirklich in die Falle zu locken, führt eine kilometerlange Line Koks zur Villa. „Jetzt erst recht“, sagt Heinz-Christian Strache und drückt psychopathisch lachend bei allen Kameras auf „Record“.

„Verkaufen uns nicht an Russen, sondern an ehrliche Konzerne“: Interview mit Gamon

Foto: Georg Hochmuth / APA / picturedesk.com

Das Interview mit EU-Kandidatin Claudia Gamon (Neos) im Café Landtmann beginnt mit einem Fauxpas. Ein älterer Kellner verschüttet beim Servieren die Melange. Er will den Kaffee wegwischen, doch Gamon hält ihn davon ab.

Claudia Gamon: *(lacht)* Passt schon, kein Problem. Das regelt der Markt!

DiE TAGESPRESSE: Wie jetzt? Wird die unsichtbare Hand des Markts erscheinen und den Kaffee wegwischen?
Im übertragenen Sinne, ja. Nach dem Interview werde ich einen 1-Stern-Review über dieses Loch schreiben. Die daraufhin ausbleibenden Kunden zwingen den Betreiber in den Konkurs, und zwei Wochen später eröffnet hier ein cooles neues Hipster-Café, wo sie wissen, wie man Kaffee serviert, ohne auszuschütten. Da, Problem gelöst!

Aber der Kellner wäre seinen Job los und müsste Arbeitslosengeld beantragen. Das lassen Sie zu?

Niemals, das wird's mit den Neos nicht geben! Wir lehnen marxistische Hirngespinste wie „Arbeitslosengeld" ab. Der Kellner soll einfach die Ärmel hochkrempeln, fest anpacken und 500 000 Euro Risikokapital bei seinen Großeltern beantragen.

Österreich steckt gerade in einer Regierungskrise. Ihre Gedanken zum Ibiza-Video von Strache und Gudenus?
Österreich an irgendwelche Russen im Hinterzimmer verscherbeln! Einfach eine Frechheit! Wir Neos würden das nie tun, wir würden uns nie an die Russen verkaufen, sondern die Anteile transparent im Rahmen eines IPO an der Wall Street an ein Investoren-Konsortium verkaufen, an ehrliche Konzerne.

Die Neos werden als einzige Oppositionspartei den Misstrauensantrag am kommenden Montag gegen Sebastian Kurz sicher nicht unterstützen. Wieso?
Jetzt ist es wichtig, das zu tun, was für Österreich das Beste ist, und zwar Kurz zu unterstützen, damit er nach der Wahl mit uns koaliert und wir alle Minister werden. Ich hab' schon einen Teppich für mein neues Büro im Ministerium ausgesucht. *(Gamon blättert in einem Sotheby's-Katalog und zeigt auf ein Eisbärenfell.)*

Neos-Sozialsprecher Gerald Loacker schrieb auf Twitter: „Faule Menschen sind eine Plage", es hagelte Kritik.
Diese Wortwahl ist natürlich völlig inakzeptabel. Es widerspricht unseren Werten, „Faule" als „Menschen" zu bezeichnen.

Die anderen Oppositionsparteien tun sich schwer, aber für die Neos scheint es gut zu laufen. Was machen Sie besser als die anderen?
Wir führen die Neos wie ein Start-up.

Sie meinen: flache Hierarchien, hohe Arbeitsmoral, viel Teamgeist?
(lacht) Nein, wir werden von einem reichen Investor finanziert. Ohne den Haselsteiner könnten wir uns nicht einmal unseren Tischfußballtisch im Foyer oder die bunten Socken leisten.

Sie fordern die Vereinigten Staaten von Europa. Was verstehen Sie darunter?
Das enge Identitätskorsett von Nationalstaaten lehnen wir ab. Selbst die Vereinigten Staaten von Europa können nur ein Anfang sein. Mittelfristig sehe ich uns als Teil der Vereinigten Föderation der Planeten. Schauen Sie, hier mein interstellarer Reisepass. *(Gamon zeigt der* **TAGESPRESSE** *einen handbeschriebenen Bierdeckel.)*

Und damit lässt man Sie ins Flugzeug einsteigen?
Nein, leider nicht. Daher fordern wir Neos auch eine Verlegung des EU-Parlaments von Brüssel nach Wien, oder noch besser, Vorarlberg.

Laut Studien nimmt die soziale Ungleichheit in der EU zu. Warum braucht es da Ihrer Meinung nach mehr Neolibera-
(Gamon beginnt plötzlich sehr laut „Ode an die Freude" zu singen)
Freude, schöner Götterfunk-

Frau Gamon, die Statistiken, etwa von Eurostat, zeigen, dass ärmere Bevölkerungsgruppen in den letzten Jahren immer ärmer und die Reichen in der EU immer reich-
(Gamon singt noch lauter, schwenkt eine riesige EU-Flagge und verschwindet durch die Tür.)

„Leid nicht unnötig verlängern“: Rendi-Wagner lässt SPÖ einschläfern

Foto: ORF TVThek/Screenshot, Montage

Schon seit Langem liegt die SPÖ nur noch apathisch am Boden herum. SPÖ-Chefin Pamela Rendi-Wagner zieht nun die Konsequenzen: Sie lässt die SPÖ einschläfern. Die schwierige Entscheidung wurde mit einem einstimmigen Beschluss des Parteipräsidiums gefällt.

WIEN – „In Absprache mit den Ärzten haben wir die Entscheidung getroffen, unser Leid nicht künstlich zu verlängern“, sagt Hospizärztin Rendi-Wagner künstlich lächelnd in die Kamera. „Wir haben viele schöne und kuschelige Niederlagen gemeinsam erlebt, aber jetzt ist es wohl Zeit, Abschied zu nehmen“, erklärt auch SPÖ-Anästhesist Thomas Drozda.

Noch unklar ist die Methode, mit der die SPÖ eingeschläfert werden soll: „Vielleicht wählen wir eine schmerzlose Spritze, oder der Doskozil dreht ihr das Gnack um, kann auch sein.“ Die Partei soll auf jeden Fall eingeäschert werden, wie Andreas Schieder erklärt: „Ich freue mich, dass ich endlich auch mal jemanden an die Urne bringen kann.“

Berührender Abschied
Die SPÖ wird heute Nachmittag feierlich am Tierfriedhof Simmering neben dem Hamster Chipsy, der Schildkröte Schildi und dem Kampfhund Chico Senior beigesetzt werden. Die Partei-Totengräber Werner Faymann, Alfred Gusenbauer und Christian Kern werden der Zeremonie beiwohnen.

Doch über die letzte Ruhestätte scheint innerparteilich noch keine Einigkeit zu herrschen. So ließ Hans Peter Doskozil über die *Kronen Zeitung* ausrichten, er wünsche sich eine Wikingerbestattung am Neusiedler See. Landeshauptmann Peter Kaiser hingegen fordert die Urne als Buntstiftdose für das Kinderzimmer seines Sohnes Luca.

Parteiintern feiert man die Entscheidung. Nur Andreas Schieder zeigt sich auch ein bisschen wehmütig: „Ich glaube, wir hätten es noch mal probieren können. Ich hätte im Herbst wirklich Bundeskanzler werden können, oder König der Welt, oder Kaiser von China", sagt er traurig beim Nachwahlinterview mit den Stimmen in seinem Kopf.

„Hoppala!"
Nach der erfolgreichen Einäscherung der SPÖ isst Schieder eine Banane, wirft die Schale weg und geht. Dann rutscht er jedoch auf der eigenen Bananenschale aus, die Urne zerbricht am Boden. „Hoppala!", lacht Schieder. Voller Asche im Gesicht schmunzelt Rendi-Wagner das Missgeschick weg: „Macht doch nix, Andi. Jeder hat einmal ein schlechtes Jahrzehnt."

„Hey, nehmt's mich mit!“: SPÖ fährt beinahe ohne Drozda in Richtung Abgrund

Foto: ORF TVThek/Screenshot

Zu einer peinlichen Situation kam es gestern vor dem Parlament. Die SPÖ vergaß auf Bundesgeschäftsführer Thomas Drozda und fuhr beinahe ohne ihn in Richtung Abgrund. Nur durch seine schnelle Reaktion konnte Drozda den Wagen stoppen und zusteigen.

WIEN – „Ups, sorry Tommy, da haben wir dich fast vergessen und hätten dich um ein Haar hier in der Realität zurückgelassen“, lacht SPÖ-Chefin Pamela Rendi-Wagner, die am Steuer der Limousine sitzt. „Wirf den Uhrenkoffer hinten rein und los geht's!“

Auf der Rückbank der Limousine sitzen bereits die SPÖ-Granden Michael Ludwig, Hans Peter Doskozil, Peter Kaiser und mehrere SPÖ-Berater. „Juhu! Roadtrip!“, freut sich Kaiser und spielt auf Spotify White Wedding von Billy Idol ab. Ein SPÖ-Berater wendet sich interessiert an Kaiser und starrt auf dessen iPhone: „Interessant. Ist das neu? Was haben Sie da für eine Musikmachmaschine?“

Abgrund nicht gefunden

Obwohl der Abgrund bereits mit freiem Auge sichtbar ist, schafft es die SPÖ nicht, das Ziel zu erreichen. Mehrere SPÖ-Kommunikationsberater zerstreiten sich während der Bedienung des Navigationsgerätes.

Im Auto verschlimmert sich die Situation dramatisch: Rendi-Wagner versucht, die Spur zu halten. Doskozil greift ihr immer wieder ins Lenkrad und verreißt es nach rechts. Michael Ludwig tritt ohne Vorwarnung auf die Bremse. Schließlich legt Georg Dornauer bei 160 Stundenkilometern den Rückwärtsgang ein und lacht auf Tirolerisch: „Frau am Steuer, Ungeheuer."

Plötzlich stört ein dumpfes Klopfen die SPÖ-Idylle: „Hä? Wiewaswo? Ist was passiert?", fragt schließlich von hinten auch Andreas Schieder, der von seinem 13-wöchigen Sekundenschlaf im Kofferraum erwacht.

Tank leer

Kurz vor dem Abgrund bleibt das Auto plötzlich auf der Autobahnraststätte St. Valentin liegen. „Uijegerle, der Tank ist leer, da fehlt ja der ganze Inhalt", stellt ein Mechaniker fest.

Doch die Fahrgäste streiten jede Schuld daran ab. „Nein, nein, das ist nur ein kleines Kommunikationsproblem", antwortet Drozda, während er auf einen Baum klettert, damit er von oben herab zum Mechaniker sprechen kann. Auch Rendi-Wagner schüttelt den Kopf: „Sie sind nur ein einfacher Hackler, was verstehen Sie bitte von Inhalten?" Alle lachen.

„Also soll i jetzt volltanken oder ned, es Bonzenwappler? I sperr in drei Minuten zua", fragt der Mechaniker schließlich genervt. „Wir dürfen jetzt keine Schnellschüsse machen!", ruft Drozda von der Baumkrone herab. „Wir werden das nächste Woche in den Gremien beraten."

„Er hat sich sehr bemüht“: Kanzlerin schreibt Praktikant zum Abschied Empfehlungsschreiben

Foto: Georg Hochmuth / APA / picturedesk.com, Dragan Tatic/Außenministerium

Fast zwei Jahre lang war Sebastian K. als Praktikant bei der Republik Österreich GmbH tätig. Zum Abschied bedankte sich seine Vorgesetzte, die designierte Bundeskanzlerin Brigitte Bierlein, nun mit einem Empfehlungsschreiben. Fazit: Sebastian habe sich „im Rahmen seiner Möglichkeiten sehr bemüht“.

WIEN – „Vielen Dank, wir melden uns bei Ihnen, Sie hören von uns, wir halten Sie in Evidenz, bis bald und schönes Leben noch“, lächelt Bierlein freundlich, während Praktikant Sebastian K. das Kanzleramt räumt und seine persönlichen Sachen packt. „Okidoki. Sodawasserchen, ich glaub, ich hab alles“, erklärt der fleißige Jusstudent.

„Den drei Meter großen Pappaufsteller von mir selbst, die gebrauchten Taschentücher, die sich über die Monate angesammelt haben, und den Sitzsack Gernot. Yep. Also gut, Ciao Kakao, see you later alligator, bis später, Attentäter, Adios Embryos“, verabschiedet sich Sebastian von seiner Chefin, die ihm augenrollend die Hand gibt und das Schreiben überreicht.

Lob

Der **TAGESPRESSE** liegt das originale Empfehlungsschreiben vor:

„Herr Sebastian hat bei uns von Dezember 2017 bis Mai 2019 ein Praktikum absolviert. In dieser Zeit zeichnete er sich durch seine hohe moralische Flexibilität aus. Er ist sehr informiert und erfährt viele Dinge aus der Zeitung. Sebastian hat sich vor allem in kleinen Teams bewährt, die idealerweise nur aus einer Person bestehen. Er ist in der Arbeit extrem belastbar und kann täglich mehrere Millionen Parteispenden mit sich herumschleppen."

Rückkehr?

Nur zehn Minuten nach der Verabschiedung klingelt Bierleins Handy. „Guten Tacho, Buongiorno Adorno, Ciao Cescu, der Basti spricht", scheppert es aus dem Lautsprecher. „Herr Kurz, ja, was gibt's denn noch?", antwortet Bierlein zähneknirschend und wirft sich präventiv eine Kopfwehtablette „Ibuprofen 12 000" ein.

„Ja, Frau Bierlein, mir hat's echt ur Spaß gemacht und ich hätt' mir gedacht, ich komm' ab Herbst zurück. Also bis dahin, machen Sie's gut, aber nicht zu oft." „Hmm, äh, oh, das, das freut uns zwar, Herr Kurz, aber … Herr Kurz, hallo, Herr Kurz?" Bierlein will noch antworten, doch der Praktikant hat bereits aufgelegt.

Vorbild Regierung: Rapid ersetzt alle Spieler durch Experten

Foto: Depositphotos, soccer.ru, Montage

Aus und vorbei! Nach dem Scheitern im Play-off wird Rapid nächste Saison nicht international vertreten sein. Der Wiener Traditionsklub zieht nun Konsequenzen: Allen Spielern wurde das Misstrauen ausgesprochen. Sie werden noch diese Woche durch Experten ersetzt.

WIEN – „Diese Mannschaft ist eine Schande. Nicht nur für die Rapid, sondern für ganz Wien, ja für die ganze Republik. Ich schäme mich bis nach Brüssel hinauf. So sind wir nicht!", erklärt Rapid-Trainer Didi Kühbauer enttäuscht.

„Was Rapid jetzt braucht, ist Stabilität in der Abwehr. Dieses belastende, heimlich gefilmte Video, das ist einfach widerlich, so etwas können wir nicht akzeptieren", zeigt sich auch Sportdirektor Zoki Barišić entsetzt über die seit gestern erhältliche DVD „Best of Rapid – Saison 2018/19".

Übergangsteam steht

Sämtliche Spielerpositionen werden ab sofort von langjährigen Experten aus der Buchhaltung, der Verwaltung und dem Marketing des Wiener Traditionsvereins übernommen. „Ich habe sofort Ja gesagt, als man mich gefragt hat, ob ich mir vorstellen kann, der neue Mittelfeldmotor zu sein", erklärt Dr. Harald Hedrich (62). Er wird aber erst Mitte Juli zum Team stoßen, sobald er nach der Hüft-OP von der Kur zurück ist.

Auch Neo-Torfrau Christine Pircher (49) will ihre neue Aufgabe mit bestem Gewissen erfüllen: „Im Tor arbeiten ist, wie in der Bilanzbuchhaltung. Wichtig ist, dass hinten die Null steht."

Reformen erst nächste Saison

Längst überfällige Reformen wie das Rauchverbot in der Kabine oder den Einsatz einer Historikerkommission, die die Nazi-Vergangenheit der Ultras aufarbeiten soll, liegen derzeit ohnehin auf Eis.

„Große Sprünge werden wir aktuell wohl keine machen. Aber wichtig ist jetzt einmal die Stabilität", erklärt Kühbauer und spielt damit wohl auf die verheerende Stabilitätsstatistik an: Neun Spieler erlitten in der aktuellen Saison schwere Prellungen, da sie beim Schuhebinden umgefallen sind.

LEBEN 3. Juni 2019

Interne Versetzung: Beamter wird nach Prügelvideo Polizeimasseur

Foto: Marcus Mod/Twitter, Screenshot

Nach dem Prügelvideo von einer Festnahme der Polizei am Samstag setzt es für den Beamten dienstrechtliche Konsequenzen. Er wird intern versetzt und ist ab sofort neuer Polizeimasseur.

WIEN – „Die interne Untersuchung hat ergeben, dass der betroffene Beamte bei der Rückenmassage des Verdächtigen alle Vorschriften der traditionellen japanischen Shiatsu-Lehre eingehalten hat", erklärt ein Polizeipressesprecher.

Er weist alle Vorwürfe empört zurück: „Die rhythmischen Schläge in den Rücken entspannen die Muskulatur und bringen das Qi in Einklang. So wird es in der Ausbildung seit Jahrhunderten gelehrt. Oder stellen Sie etwa die Worte des großen Tokujiro Namikoshi infrage?"

Erster Tag

„Wir müssen Ihre Energiebahnen wieder zum Fließen bringen", erklärt der neue Polizeimasseur und träufelt eine ätherische Ölmischung, bestehend aus Zimtrinde, Weihrauch und Pfefferspray, in die Aromalampe. Aus einem kleinen Radio hört man einen beruhigenden Hulapalu-Panflöten-Remix.

„In die Nieren"

„Na, da sind Sie aber sehr verspannt vom Racial Profiling am Praterstern, das werden wir ein bisserl lockern." Der Masseur kniet sich auf seinen Kollegen, wie in Trance schlägt er auf ihn ein. „In die Nieren!", schreit der Chefmasseur. Geschickt setzt der umgeschulte Kollege sein Körpergewicht ein und beamtshandelt ihn bis zur völligen Entspannung. Vor Erholung schreiend, fällt der Polizist von der Liege.

Korpsgeist

„Bei meiner Massage gibt's ka Happy Ending!", zieht der Beamte lachend ein erstes Resümee und wäscht sich das Blut von den Händen ab. Mehrere Beschwerden von unzufriedenen Polizisten verliefen jedoch im Sand, da die Masseure keine Dienstnummern tragen und in der Shiatsu-Community der Korpsgeist nach wie vor weit verbreitet ist.

Perfides Überwachungssystem: China verteilt an alle Einwohner jö Bonuscards

Foto: Depositphotos, Montage

Die Volksrepublik China greift in puncto Datensammlung zu einer weiteren, drastischen Maßnahme: Alle chinesischen Bürger bekommen die neue jö Bonuscard ausgestellt. Der Albtraum vom gläsernen Menschen ist jetzt endgültig Realität geworden.

WIEN/PEKING – „Wir danken dem internationalen Überwachungsunternehmen Rewe, dass man uns mit der jö Bonuscard eines der mächtigsten Instrumente auf dem Gebiet der Datensammlung zur Verfügung stellt“, freut sich Chi Fenghe, der chinesische Minister für Dystopie.

„‚Eine Karte, sie zu knechten.‘ Dieser Werbespruch von Rewe hat uns überzeugt.“ Die jö Bonuscard befindet sich laut Rewe derzeit erst in der Betaphase. Ziel sei eine totale Vernetzung aller Daten. Umgesetzt wird der jö-Bonusbankomat-eCard-DNA-Reisepass-Mikrochip mit Facebook-Log-in, der Kunden direkt ins Rückenmark eingesetzt wird, aber erst Ende 2020.

Gläserner Kunde

Die jö Bonuscard analysiert künftig auch in China alle Einkäufe und kann dadurch verdächtige Bürger sofort den Behörden melden. „Wer regelmäßig englische Zeitschriften kauft, ist ein Volksverräter. Da heißt's Gefängnis. Zu viel Alkohol auf dem Einkaufszettel? Fauler Nichtsnutz. Ebenfalls Gefängnis", erklärt Peng Biao, der chinesische Minister für Menschenrechtsverletzungen. „Und wer diese grindigen Fake-Oreo-Kakaokekse von Clever kauft, dem ist eh nicht mehr zu helfen. Da kommen wir sofort mit dem Exekutionskommando."

China zufrieden

„Natürlich gab es Kritik daran, dass wir mit einem skrupellosen Regime zusammenarbeiten, das bald die ganze Welt beherrschen könnte", erklärt ein Sprecher der chinesischen Regierung, „doch unser Deal mit Rewe bleibt aufrecht."

Laut eigenen Angaben hat Peking 1,4 Milliarden Bonuscards bestellt. China revanchiert sich mit Gegengeschäften: Billa darf Tausende Kunden, die „Zweite Kasse bitte!" schreien, in chinesischen Straflagern umerziehen lassen.

LEBEN 5. Juni 2019

„Mein neues Leben": Ein Tag mit Ex-Vizekanzler Strache

Foto: Starpix / picturedesk.com

Seitdem er von Trickbetrügern durch eine perfide Videofalle aufs Glatteis geführt worden ist, steht das Leben von Heinz-Christian Strache kopf. Was macht er mit seiner neu gewonnenen Freizeit? Wir haben den ehemaligen Vizekanzler und heutigen Privatier einen Tag lang begleitet.

KLOSTERNEUBURG – „Kommt's rein, ihr Huren", lacht Strache. „Aber bitte lasst's die Schuhe an, damit ich eure dreckigen Zehennägel ned sehen muss." Der Frühstückstisch ist üppig gedeckt. Strache serviert uns Red Bull, Wodka Bull, Red Bull Müsli und eine Karaffe Leitungswasser. „Das Wasser kostet aber", lächelt Strache.

Nach dem Frühstück führt uns Strache ins Wohnzimmer. „Ah, der Onkel Joschi ist auch da", sagt er lachend. Johann Gudenus kniet vor dem Couchtisch und zieht eine stattliche Line Babypuder. Hektisch wischt er sich die Nasenlöcher ab.

An den Wänden hängen Familienfotos. Doch einige Bilderrahmen sind leer. „Wir lassen gerade ein paar Fotos von meiner wilden Jugendzeit nachmachen, bei einem so einem Fotolabor, ‚Dr. Klenk's 24h Diskret Expressfoto' heißt das", so Strache.

Entspannung

Am Nachmittag legt sich Strache auf die Couch. „Sodala, ich bin dann mal im Thinktank", lacht der Ex-Vizekanzler und schnappt sich ein Französisch-Lexikon. Er bereitet sich gerade auf seinen neuen Job in Brüssel vor. „Ein paar Brocken Französisch kann ich schon. So Basics, die du in meiner Position brauchst", erklärt der gelernte Halsabschneider Strache und gibt eine Kostprobe zum Besten: „Mon dieu elle e schoaf" oder „*Kronen journal* vendre, rapid rapid rapid!".

„Ich werde als extrem wilder, ja fast schon wirrer Abgeordneter mein Mandat wahrnehmen und den österreichischen Futtertrog in Brüssel bewachen", verspricht Strache, während er seiner Frau winkt: „Fipsi, bringst ma no a Glaserl K.-o.-Tropfen aus der Küche? Und schenk dem Onkel Joschi auch eins ein. Bussibussi, danke du geile Oligarchin, kleiner Scherz, hehe."

Außerdem plant er, die Beziehungen ins Ausland zu stärken und sein Mandat an einen russischen Oligarchen zu verkaufen.

Naturnah
Auch Ausflüge in die Natur dürfen nicht fehlen. Am späten Nachmittag geht Strache in den Park, wo er Enten anfüttert. „Aber ned mit so einem Veganerbrot, sondern so wie ein anständiger Österreicher mit garantiert halal Schweineschnitzel, von der Philippa im Schmalz ausgebacken", sagt er stolz, während drei Enten qualvoll an einer Flachse ersticken.

Nachdenklich
Philippa Strache steht auf der Terrasse der Villa und starrt nachdenklich in die Botanik. „Mutter sein ist hart. Die letzten Wochen waren anstrengend. Da ist plötzlich ein Wesen daheim, das nur herumliegt, nicht geradeaus gehen kann und alle zehn Minuten schreit ... und dann ist da auch noch das Baby."

Eklat
Als wir die Villa verlassen, wird Strache plötzlich skeptisch. „Momenterl, haben Sie da heimlich eine Kamera mitlaufen lassen? Ist das schon wieder eine Falle?!", schreit er und zeigt auf unseren Kameramann, der schon die ganze Zeit eine zehn Kilo schwere Kamera auf der Schulter trägt. Empört wirft er uns raus, genauso wie Gudenus, der das Interview eingefädelt hat. Von draußen hören wir nur noch, wie Strache laut durch die Villa schreit: „Gotti! Kannst wieder rauskommen unterm Bett, die Huren sind weg!"

Kampf um Straches Facebook-Seite: Der geleakte Chatverlauf der FPÖ

Foto: Michael Gruber / EXPA / picturedesk.com

Medienberichten zufolge gibt es innerhalb der FPÖ ein Gezerre um die Facebook-Seite von Heinz-Christian Strache, denn dieser hat alle FPÖ-Administratoren ausgesperrt. Der TAGESPRESSE wurden die Chatverläufe aus dem Inneren der Partei zugespielt.

Hofer fragt bei Strache nach:

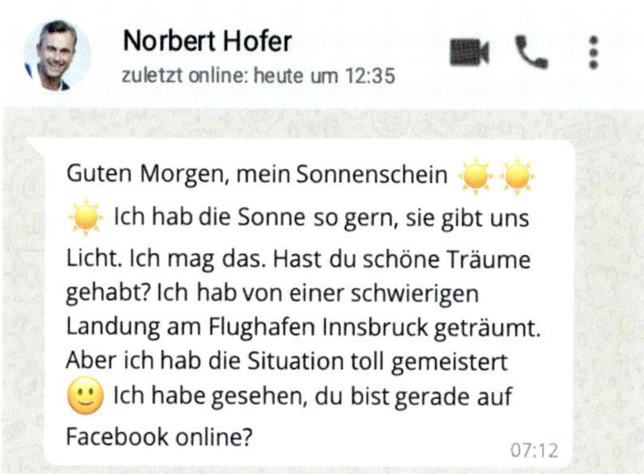

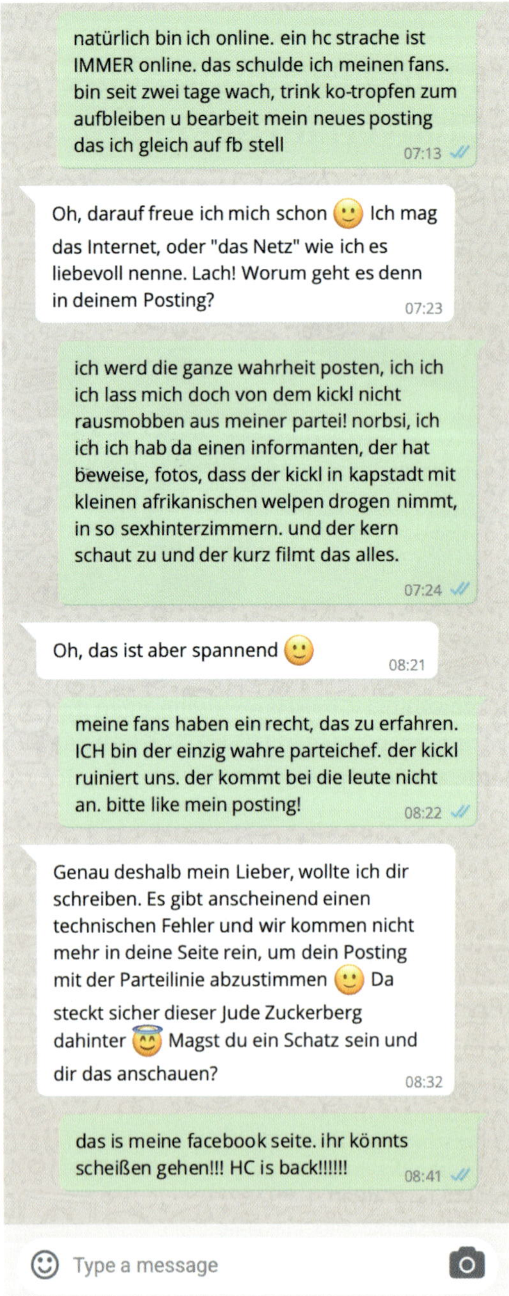
natürlich bin ich online. ein hc strache ist IMMER online. das schulde ich meinen fans. bin seit zwei tage wach, trink ko-tropfen zum aufbleiben u bearbeit mein neues posting das ich gleich auf fb stell 07:13
Oh, darauf freue ich mich schon 🙂 Ich mag das Internet, oder "das Netz" wie ich es liebevoll nenne. Lach! Worum geht es denn in deinem Posting? 07:23
ich werd die ganze wahrheit posten, ich ich ich lass mich doch von dem kickl nicht rausmobben aus meiner partei! norbsi, ich ich ich hab da einen informanten, der hat beweise, fotos, dass der kickl in kapstadt mit kleinen afrikanischen welpen drogen nimmt, in so sexhinterzimmern. und der kern schaut zu und der kurz filmt das alles. 07:24
Oh, das ist aber spannend 🙂 08:21
meine fans haben ein recht, das zu erfahren. ICH bin der einzig wahre parteichef. der kickl ruiniert uns. der kommt bei die leute nicht an. bitte like mein posting! 08:22
Genau deshalb mein Lieber, wollte ich dir schreiben. Es gibt anscheinend einen technischen Fehler und wir kommen nicht mehr in deine Seite rein, um dein Posting mit der Parteilinie abzustimmen 🙂 Da steckt sicher dieser Jude Zuckerberg dahinter 😇 Magst du ein Schatz sein und dir das anschauen? 08:32
das is meine facebook seite. ihr könnts scheißen gehen!!! HC is back!!!!!! 08:41
Type a message

Kickl und Hofer besprechen die Lage:

Strache erhält eine Nachricht:

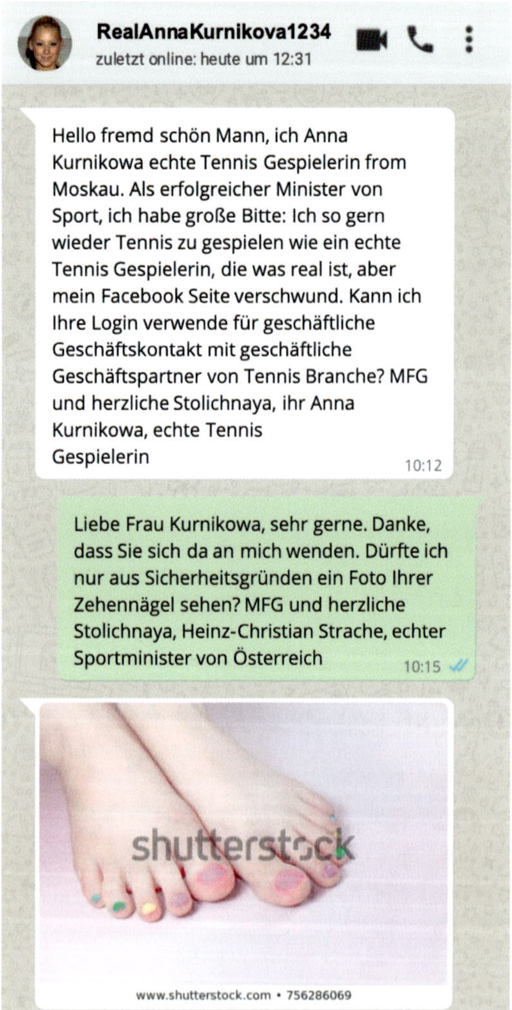

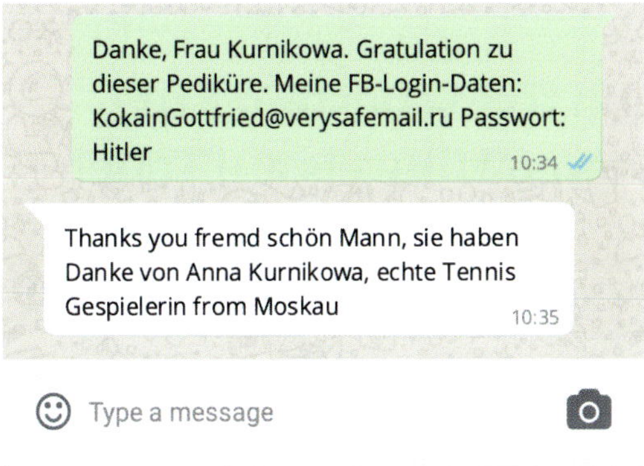

Strache merkt, dass etwas nicht stimmt:

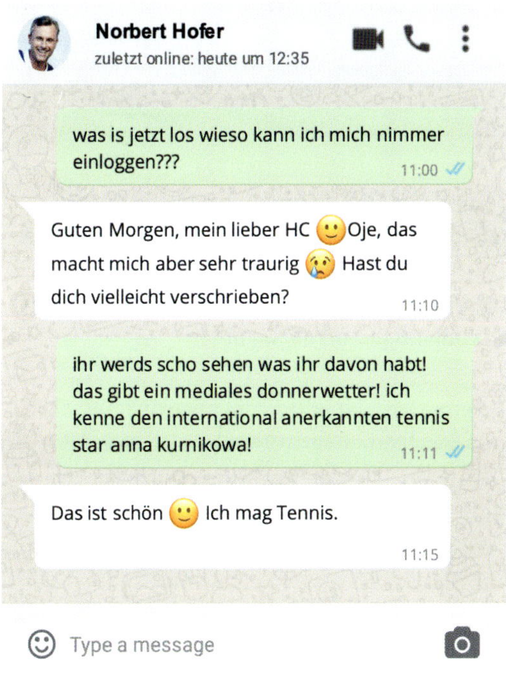

Rot-Blau schon fix? Sebastian Kurz entdeckt weiteren Hinweis auf Toilette

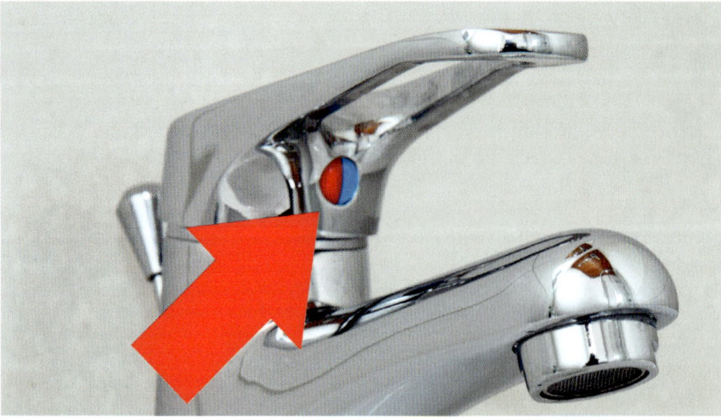

Foto: Montage

Altkanzler Sebastian Kurz sorgt heute mit einer mysteriösen Entdeckung für Aufsehen. Auf der Toilette des Parlaments fand er einen Wasserhahn, auf dem eine rot-blaue Markierung angebracht war. Der Fund wirft die Frage auf: Ist eine Koalition zwischen SPÖ und FPÖ in Wahrheit schon abgemachte Sache?

WIEN – „Ich hab's gewusst! Es ist alles ein abgekartetes Spiel!", schreit Kurz vor Dutzenden Medienvertretern, die er zu einer eilig einberufenen Pressekonferenz in der Parlamentstoilette geladen hat. „Das heiße und kalte Wasser beschließen im Verborgenen eine lauwarme Koalition, die ganz schlecht ist für meine Haut und für das Land."

„Lassen Sie mich eines sagen, ich möchte unser schönes Trinkwasser in unserem schönen Land nicht beschuldigen, das ist nicht mein Stil, aber das sind schon Silberstein-Methoden", sagt Kurz zum Hausmeister, der augenrollend antwortet: „Wos wüst, Herr Wichtig?"

Begleitet von Journalisten führt Kurz den Hausmeister zum Waschbecken. „Da, schauen Sie." Kurz dreht den Wasserhahn bis zum Anschlag auf, seine Anzughose wird angespritzt. Kurz beginnt zu schreien: „Hilfe, aufhören! Ich mache nicht mit bei diesem Anpatzen!“ Der Hausmeister trägt den völlig durchnässten Altkanzler aus dem WC.

Protest

Nach dem Zwischenfall will Kurz bei Van der Bellen Protest einlegen. Doch am Weg zur Hofburg macht er eine weitere schockierende Entdeckung: „Ha! Rot-Grün! Auch das noch!“, schreit er und zeigt auf eine Fußgängerampel.

„Nein, von solchen kommunistischen Schreckgespenstern lasse ich mich nicht aufhalten. Wir setzen unseren Kurs fort!“, sagt er und geht bei Rot über die Ringstraße. Eine Straßenbahn muss eine Vollbremsung durchführen, drei Fahrgäste sind laut Wiener Rettung leicht verletzt.

Insidern zufolge tobt Kurz. Sollte er noch weitere ähnliche Indizien entdecken, droht er der FPÖ bereits offen damit, die insgeheim längst beschlossene Fortsetzung von Türkis-Blau platzen zu lassen.

LEBEN 17. Juni 2019

Nach Massengebet für Sebastian Kurz: Jesus tritt aus Kirche aus

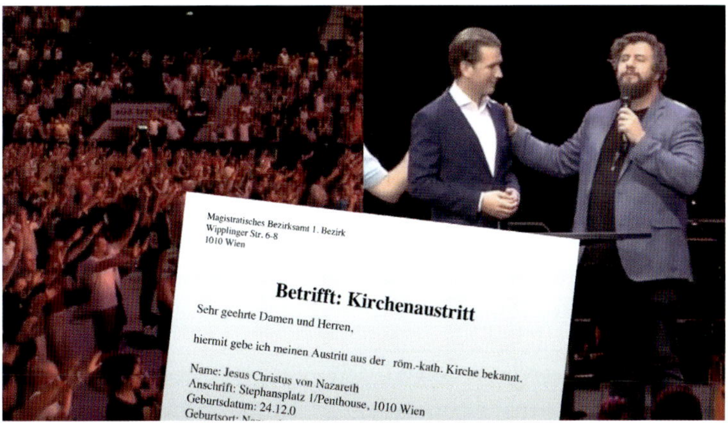

Foto: KATH.NET – Katholische Internetzeitung, Screenshot, Montage

Die katholische Kirche verliert ein prominentes Mitglied: Jesus Christus von Nazareth erklärte seinen Austritt. Er ist verstört vom Massengebet für den heidnischen Gott Sebastian Kurz von Meidling und will mit „diesem Fundi-Verein", wie er wortwörtlich sagt, nichts mehr zu tun haben.

WIEN – „Habt's ihr das absurde Video gesehen, aus der Stadthalle? Das hat doch mit Christentum nix mehr zu tun", erklärt Jesus Christus von Nazareth, der uns zum Sektfrühstück ins Aida am Stephansplatz lädt. „Diese peinliche Huldigung des Ketzers Sebastian Kurz von Meidling, das ist ein Affront gegen meine Lehren."

Besonders zornig zeigte sich Jesus über die vollbrachten Wunder von Kurz: „Er hat Fische vermehrt, aber nicht für die Armen, sondern für die Sushi-Bonzen vom Dots. Außerdem wollte er Lahme nur heilen, wenn sie zusatzversichert sind. Geht's noch oaschlochmäßiger?"

Jesus bestellt sich noch eine Flasche Schlumberger nach und wirkt gebrochen: „Dafür hab' ich mir Nägel in die Pratzen schlagen lassen? Damit der falsche türkise Hund da einen auf Messias machen kann?"

Auch das letzte Wunder von Kurz will Jesus nicht anerkennen. „Da sieht man nur dieses verwackelte Handyvideo, dann schreit der Jünger Petrus L. Eppinger ‚Steht auf für Sebastian!' und plötzlich kann jeder wieder gehen, wer soll den Scheiß bitte glauben?"

Kirche irritiert

Sogar in der Kirche zeigt man sich inzwischen irritiert über den Auftritt von Kurz, wie Insider berichten: „Der Vatikan ist zornig, weil Kurz sich ständig als Messias ausgibt. Gott will jetzt einen Vaterschaftstest vorlegen, um zu beweisen, dass er mit Kurz nichts zu tun hat."

Gottes leiblicher Sohn Jesus jedenfalls distanziert sich vor allem vom Ablasshandel, der durch die ÖVP betrieben wird. „Unternehmer erhalten durch Spenden an die Partei die Absolution", seufzt Jesus. „Die bekommen dann einen Platz im Himmel, genauer gesagt, in der Sky Bar, direkt an der Seite von Kurz."

Genug ist genug

Jesus trinkt die Sektflasche aus und wird immer wütender. „Ich hab' lange nach dem christlichen Motto ‚Hände falten, Goschn halten' gelebt, viel in Kauf nehmen müssen bei den immer wiederkehrenden Einzelfällen der Kirche und es war nicht immer einfach, das alles runterzuschlucken. Kinder missbrauchen ist das eine, aber sich jetzt von einem Kind missbrauchen lassen, das ist widerlich, da hört sich der Spaß auf. Genug ist genug!"

WELT 21. Juni 2019

In letzter Sekunde: Trump hält Doskozil von Angriff auf Löwelstraße ab

Foto: Christopher Dunker/BKA, Montage

Die Welt ist offenbar nur knapp einer Katastrophe entkommen. US-Präsident Donald Trump hielt Hans Peter Doskozil in letzter Sekunde von einem bewaffneten Angriff auf die SPÖ-Zentrale in der Löwelstraße ab. Das berichten übereinstimmend mehrere US-Medien.

EISENSTADT/WASHINGTON – Hans Peter Doskozils Angriff auf die Löwelstraße stand laut Insidern unmittelbar bevor. Satellitenaufnahmen der CIA zeigen, wie sich im Burgenland, versteckt im Schilf des Neusiedler Sees, bereits drei Panzer, 18 Mähdrescher und 52 Schwanen-Tretboote Richtung Wien bewegt haben. Doskozil hatte bereits den Befehl für ein schweres Bombardement der Zentrale mit Hunderten Querschüssen gegeben.

Mehrstündiges Telefonat

„Hey, danke Hans Peter, dass du dir Zeit genommen hast. Ich weiß, du bist sehr beschäftigt, aber glaub mir doch, die SPÖ ist es nicht wert, die zerstören sich ja eh selbst“, erklärte ein sichtlich nervöser Trump am Telefon.

„Hansiboy, ich kenne und schätze dich seit Jahren als great Macho“, so der US-Präsident weiter. „Du warst es, der mir damals den Tipp gegeben hat: ‚Donnieboy, was du jetzt brauchst, ist eine Mauer zu Mexiko.‘ Du hast mir erzählt von dem Lagerhaus in Parndorf, wo es gerade zwanzig Prozent Rabatt auf Ytong-Ziegeln gibt.“ Nach über sechs Stunden konnte Trump den „Rocket Man from Burgenland“ schließlich besänftigen.

SPÖ überrascht

In der Löwelstraße selbst zeigt man sich überrascht. Eine Stellungnahme wollte man nicht abgeben: „Der Thomas Drozda ist derzeit nicht erreichbar, weil er als Yung Uhren beim Donauinselfest auftritt und seine ganz ungezwungen coolen, volksnahen Tracks ‚Operngänger‘ und ‚Gefühle an dich in einer 500-Quadratmeter-Altbauwohnung‘ performt“, so SPÖ-Chefin Pamela Rendi-Wagner gegenüber der APA. „Und ich darf leider nicht mit fremden Männern reden, weil sonst wieder die Partei-Alphas durchdrehen, sorry, ciao!“

Nachdenklicher US-Präsident

Die Situation der SPÖ habe ihn zum Nachdenken gebracht, erklärt Trump. „Wir können so nicht weitermachen, ich will das gute Leben für alle.“ Er will auf seine parteiinternen Kritiker zugehen, um demselben Schicksal wie jenem der SPÖ zu entgehen. Der SPÖ verspricht er alle Unterstützung, die sie brauche. „Hoch die internationale Solidarität!“, so Trump kämpferisch.

Für noch schnellere Gesetze: ÖVP bietet Spendern jetzt „Prime"-Abo

Foto: Georges Schneider / picturedesk.com, Montage

Da ist der Kunde noch König: Die ÖVP bietet Spendern für den kommenden Wahlkampf ein „ÖVP Prime"-Abo an. Damit können Stammkunden noch schneller und bequemer an ihre Gesetze kommen.

WIEN – „Sie haben gesprochen, wir haben zugehört", sagt Sebastian Kurz bei der Präsentation. Zu haben ist das Abo um günstige Stückelungen zu je 50 999,– pro Woche. Dass der Betrag einen Euro unter der unverzüglichen Meldepflicht an den Rechnungshof liegt, ist laut Kurz „reiner Zufall". Die ÖVP garantiert Abonnenten im Gegenzug die gewünschten Gesetze innerhalb von 24 Stunden nach Bestellung.

Begeisterung

„Weltklasse, fünf von fünf Sternen, gerne wieder", freut sich KTM-Chef und ÖVP-Kunde Stefan Pierer. „Bisher hat man zwei bis drei Tage auf die Gesetze warten müssen, jetzt sind sie am nächsten Tag da. Manchmal vergisst man sogar, was man gekauft hat. Gestern hab' ich zum Beispiel betrunken um vier in der Früh einen 24-Stunden-Arbeitstag bestellt, hahaha."

Immobilien-Investoren, die beim letzten Wahlkampf für jede dritte Großspende an die ÖVP aufkamen, sind begeistert. „Als wir 2017 mehrere hunderttausend Euro an die ÖVP gespendet haben, war der Kundenservice noch sehr holprig. Da mussten wir bis 2018 warten, bis Kurz endlich Immobilienkäufe durch Investoren von der Grunderwerbssteuer befreit hat. Jetzt geht das zack zack zack."

ÖVP-Alexa

Inkludiert ist im „ÖVP Prime"-Abo auch die neue Serie „Good Omens" über den Engel Sebastian und seine göttlichen Auftritte in der Stadthalle. Für Leseratten gibt es außerdem „Prime Reading". Abonnenten können Studien über Islamkindergärten noch vor allen anderen lesen und mit eigenen Notizen und Beobachtungen versehen. Zusätzlich bietet die ÖVP eine Alexa mit der Stimme von Peter L. Eppinger, die einen jeden Morgen sanft weckt mit der Aufforderung: „Steh auf für Sebastian!"

Erste Beschwerde

Doch gegen Redaktionsschluss meldet sich KTM-Chef Stefan Pierer mit einer Beschwerde bei der **TAGESPRESSE**: „Vorhin wollte mir der Hermes-Paketbote den Gesetzestext für den 24-Stunden-Tag liefern, aber ich war kurz am Klo. Jetzt muss ich ihn vom Nachbarn abholen, der wohnt zehn Kilometer weit weg, so nervig!"

Beim nächsten Mal will Pierer „Emre's Premium Handyshop" als Abholstation festlegen. Der Kundenservice von „ÖVP Prime" entschuldigt sich für die Unannehmlichkeiten: „Unser Postweg hat erst begonnen!"

Hitzewelle: Bürgermeister Ludwig ersetzt Riesenrad durch Riesenventilator

Foto: Thomas Ledl/Wikipedia, CC-BY-SA 4.0, Montage

Genug ist genug: Bürgermeister Michael Ludwig konnte kein Gerät zur Abkühlung mehr ergattern. Er ließ daher das altehrwürdige Wiener Riesenrad abnehmen und durch einen Ventilator ersetzen. Wien versinkt im Chaos.

WIEN – „Nicht einmal im Ein-Lira-Shop in Favoriten hab' ich noch einen Ventilator bekommen, ka Chance. Das war die letzte Option", so Ludwig, der zufrieden vor dem Riesenventilator Platz nimmt und immer wieder drei bis vier erfrischende Meter durch die Luft geschleudert wird.

Ein gigantischer Staubtornado verwüstet die Stadt. Am Praterstern spielen sich apokalyptische Szenen ab, und der Ventilator sorgt für zusätzlichen Ärger. Mehrere Tauben sowie ein ÖAMTC-Rettungshubschrauber können dem Sog nicht entkommen und werden in feine Stücke zerhäckselt.

Josef Cap will Ludwig den Entwurf für das neue SPÖ-Parteiprogramm überreichen, an dem er seit 2014 schreibt, doch ein Luftzug reißt ihm den Bierdeckel aus der Hand. Der Ventilator zerfetzt das kostbare Ergebnis minutenlanger Denkarbeit.

Grüne Gegenmaßnahme

Den Grünen geht der Ludwig-Ventilator nicht weit genug. Um die Bevölkerung vor den Folgen des Klimawandels zu schützen, fordert die Wiener Grünen-Chefin Birgit Hebein einen mehrere hundert Meter hohen Heumarktturm, der den Bewohnern kühlen Schatten spendet.

Kickl in Seenot

Sämtliche Rettungseinheiten in Wien sind derzeit im Einsatz, um Schadensbegrenzung zu betreiben: Laut Polizei wurde Ex-Innenminister Herbert Kickl durch den Ventilator unglücklicherweise ins Mittelmeer geweht und befindet sich vor Lampedusa in Seenot. Derzeit kann ihn jedoch kein Rettungsschiff aus dem Wasser ziehen, da mit Realitätsflüchtlingen an Bord keine Häfen angesteuert werden dürfen. Strache ist spontan zu einer privaten Seenotrettung aufgebrochen, er setzt seine ganze Hoffnung auf eine Rettungsline aus Ibiza.

LEBEN 26. Juni 2019

Erderwärmung: Fiaker steigen von Pferden auf Kamele um

Foto: Gerd Eichmann/Wikipedia, CC-BY-SA 4.0, Montage

Klimanotstand in der Wiener Innenstadt! Die Fiaker stellen sich jetzt auf immer häufigere Hitzewellen ein und ersetzen alle Pferde durch hitzebeständige Kamele aus der Sahara. Ein Lokalaugenschein.

WIEN – Eine Kamelkutsche fährt in Zeitlupe über den fünfzig Grad heißen Michaelerplatz. „Und da drüben sehen Sie das Nest vom linksgrünen Lungenkrebskommunisten, der was unser schönes Land kaputt macht", erklärt der Fiaker Gustav B. einem interessierten russischen Ehepaar und zeigt auf das Büro von Bundespräsident Alexander Van der Bellen.

Die Kamele wurden durch Forscher der Veterinär-Uni Wien genetisch modifiziert, um sie nach entspannten Jobs in der Wüste auf das harte Berufsleben in Wien vorzubereiten. Die Höcker speichern jetzt nicht nur Fett, sondern auch Dosenbier. „Genauso wie mein Höcker", lacht Fiaker Gustav B. und klopft auf seinen Bauch.

Zufriedene Fiakerfans

Die Fiakerfans sind begeistert von den Kamelen. „Ich freu' mich, dass jetzt nicht mehr die armen Pferde gequält werden, sondern endlich auch einmal andere Tiere", sagt der leidenschaftliche Jäger und begeisterte Wilderer Heinz B. Astard (51) aus Bad Ischl.

„Herrlich, ein Stück alte Heimat im Urlaub", freut sich auch Abdullah Hawsawi (35) aus Riad, wo die Kamelkutschen schon längst durch philippinische Zwangsarbeiter ersetzt wurden. „Bei euch ist die Islamisierung ja noch viel schlimmer als bei uns", zeigt sich hingegen ein deutsches Pensionistenpaar aus Chemnitz entsetzt. „Wien schafft sich ab, danke Merkel!"

Ungewisse Zukunft

Was mit den nun nicht mehr benötigten Fiakerpferden passieren soll, ist noch unklar. Ein Zusammenhang mit einem neu geplanten Leberkas Pepi Flagship-Store am Stephansplatz wurde von der Fiakerinnung weder bestätigt, noch dementiert.

Feierabend

Der sympathische Tier- und Menschenfreund Gustav B. hat Feierabend. Er zündet sich und allen seinen Kamelen eine Zigarette an.

Einer Studentin, die sich darüber beschwert, droht er mit der Faust: „Schleich di, du elendiger Zeck, es is eh nur a Camel Blue!“

LEBEN 1. Juli 2019

Rekordhitze: Donauturm verwelkt

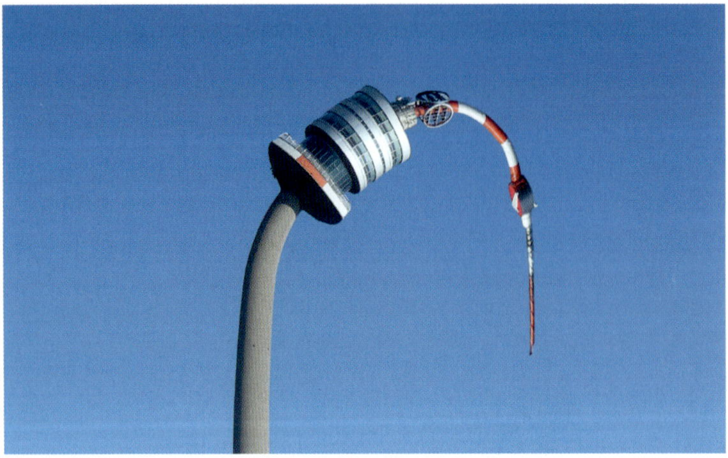

Foto: Wienwiki / Admin1, CC-BY-SA 3.0

Die anhaltende Hitzewelle fordert ihren Tribut von Mensch, Natur und Infrastruktur. Während Bäume Rinde und Blätter abwerfen, leiden zunehmend auch Gebäude unter Hitzestress. Der Donauturm verlor seinen Halt und neigt seinen Kopf seit heute Mittag nach unten.

WIEN – „Das ist eine völlig natürliche Reaktion und in diesem Alter absolut normal“, versichert der herbeigerufene Chefstatiker Dipl.-Ing. Norbert Huber. Um den Turm wiederaufzurichten, will der Statiker in den kommenden Tagen konzentrierte Substral-Düngerlösungen ins Fundament injizieren. Außerdem wird der Donauturm zusätzlich auch am Morgen gewässert.

Das Gebäude kann zwischenzeitlich gefahrlos betreten werden. Natürlich leidet die Gastronomie an der Spitze etwas darunter, die müssen jetzt kopfüber kochen. „Aber das heiße Schnitzelfett, das dir da ins Gesicht entgegenspritzt, kühlt dich wenigstens ein bisschen ab“, so eine Köchin.

Sollte sich der Donauturm nicht erholen, wird er am Stängel abgeschnitten, um einen neuen Trieb zu ermöglichen. Schon bald könnte das Gebäude wieder zu blühen beginnen, zumindest bis zur Hitzewelle im Dezember 2019.

Weitere Gebäude leiden

Auch das Krankenhaus Nord stöhnt unter den hohen Temperaturen. „Wir haben das Gebäude damals kostengünstig aus Wachs errichten lassen. Diese Komplikationen waren für uns so nicht vorhersehbar“, gesteht der Wiener Bürgermeister Michael Ludwig ein, während er über die Pfütze in Floridsdorf spaziert, wo bis gestern noch das Krankenhaus gestanden ist. Er will aus den Ereignissen wichtige Learnings ziehen und denkt bei der Wiedererrichtung an hitzebeständigere Materialien wie Karton oder Grillkohle.

Innovation gegen Hitze

Um die Stadt in Zukunft besser vor der Hitze zu schützen, entsteht in Wien Neubau derzeit ein Pilotprojekt. „Die Zieglergasse wird um fünf Grad abgekühlt. Die Fassaden werden rund um die Uhr mit Matcha-Basilikum-E-Scooter-Lauda-Asche-Eis vom Eisgreißler besprüht. Die Kosten von 98 Milliarden pro Tag berappt natürlich der dämliche Steuerzahler, weil wozu haben wir ihn, haha“, lächelt Bürgermeister Ludwig zufrieden.

Nächste rührende Fanpost: Kurz erhält Brief von Embryo

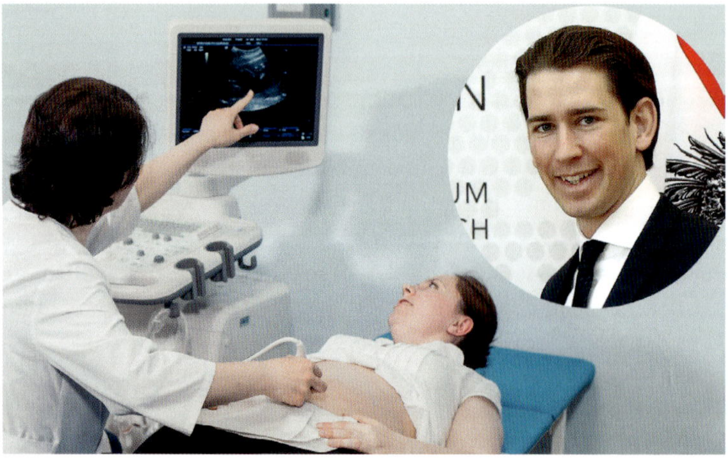

Foto: Depositphotos, Außenministerium

Altkanzler Sebastian Kurz hat schon wieder rührende Fanpost erhalten. Nach Linda (6), die es wirklich gibt, meldet sich nun der Embryo Linus (0), den es wirklich gibt, zu Wort, um seinen Lieblingspolitiker gegen FPÖ, SPÖ und Tal Silberstein zu verteidigen.

WIEN – Die Abwahl von Kurz habe den Embryo Linus (0) „traurig und wütend" gemacht, wie er in dem Brief zugibt. „Als ich in den Embryonachrichten davon gelesen habe, musste ich mich sehr ärgern." Linus diktierte das gesamte Schreiben per Morsezeichen durch Fußtritte. Mehrere österreichische Medien bestätigen die Echtheit des Briefs.

„Dass die SPÖ hinter dem Ibiza-Video steckt, das weiß doch jedes Kind und jeder Embryo, das sind Lansky-Silberstein-Methoden", schreibt Linus weiter. Da er noch nicht geboren ist, scheiterte die SPÖ mit einer einstweiligen Verfügung gegen ihn.

In einem Instagram-Live-Video ist das berührende Treffen zwischen Kurz und Linus zu sehen. „Ich bin so froh, dass ich ihn habe. Er ist mir das Allerliebste auf der Welt, er ist ein Wunder", weint die

Kindsmutter Hannah (31) vor Freude und tätschelt Sebastian Kurz das Köpfchen. „Und mein Linus ist eh auch nicht schlecht."

„Kleiner Leistungsträger"

Als Kurz ihr die Hände auflegt, beginnt Linus im Bauch der Mutter sofort zu kicken. „Da haben wir wohl einen kleinen Leistungsträger, der schon übt, die Karriereleiter hinaufzuklettern, sehr schön!", grinst Kurz und hält minutenlang eine Hand auf und zwinkert dabei, bis die Kindsmutter kapiert hat, dass Kurz eine kleine Spende verlangt.

Ohne Anpatzen

„Und, hast scho Mittag g'essn, ja, ja?", schreit Kurz den Bauch der Schwangeren an. „Er hat gesagt, er kann schon Essen, ganz ohne Anpatzen, wie sein großes Vorbild", sagt die Mutter mit Tränen in den Augen. Kurz wischt ihr mit einem Taschentuch über die Wangen. „Damit Sie sich nicht anpatzen, das überlassen wir SPÖ und FPÖ."

LEBEN 3. Juli 2019

Rauchverbot: Traditionelles Wiener Tschickschnitzel vor dem Aus?

Foto Depositphotos, Montage

Mit dem gestern beschlossenen Rauchverbot in der Gastronomie gerät auch ein Stück Brauchtum in Gefahr: Dem traditionellen Tschickschnitzel droht das Aus. Wirte und Gäste fordern jetzt eine gesetzliche Ausnahme für die beliebte Wiener Speise.

WIEN – Eigentlich genießt der Wiener Raphael Bauer jeden Morgen sein Schweinsschnitzel mit Zigarettenstummeln, während er mit seiner vierjährigen Tochter im Raucherbereich sitzt. Doch heute ist seine Stimmung getrübt, am gestrigen Gesetzesbeschluss hat er zu kauen.

„Unser Tschickschnitzel nehmen s' uns weg. Owa die islamischen Haschgiftspritzer in der U6 bleiben erlaubt!" Das Rauchverbot macht ihn fassungslos. „Wenn's so weitergeht, sperren sie uns auch noch das Raucherkammerl bei der Chemotherapie zu."

Wirte empört

Die WKO läuft gegen die Maßnahme Sturm. „Uns wird hier die Existenzgrundlage entzogen. Das bringt die Wirte langsam um und hindert sie daran, ihrer Leidenschaft nachzugehen, nämlich anderen die Existenzgrundlage zu entziehen und sie langsam umzubringen", kritisiert Tschickschnitzel-Branchenobmann Leo Schnitzhofer.

Speisekarten adaptiert

Mit pulsierender Halsschlagader streicht er in seinem Beisel „Zur verstopften Arterie" gerade das „Pall Mall Putenschnitzi" von der Kinderkarte. Auch den bei den Kleinsten sehr beliebten Eisbecher „Pinocchio", bei dem die Nase ein Zigarillo ohne Filter ist, darf er nicht mehr anbieten.

„Des wird ned nur uns, sondern auch Tausenden Herzchirurgen die Jobs kosten", fürchtet sein langjähriger Koch, während er traurig sein vielleicht letztes Marlboro-Cordon bleu in die Fritteuse schmeißt und liebevoll ein Brot mit Raucherbeinschinken belegt.

Aufregung überzogen?

Der Drogenhistoriker Prof. Maximilian Wieland argumentiert dagegen, Brauchtum verändere sich nun einmal mit der Gesetzeslage: „Deshalb werden Marillenkrapfen seit 1927 ja auch nur noch mit Staubzucker bestreut, und nicht mehr so wie bis dahin üblich mit

Kokain." Wieland fordert, die Tschickstummel durch geschmacklich ähnliche Speisen zu ersetzen, wie etwa alte Industrieluftfilter der VOEST, Autositze aus Wiener Taxis oder Sushi von Dots.

SPORT 8. Juli 2019

Zehn Minuten nach Ankunft in China: Arnautovic bringt Social-Credit-System zum Absturz

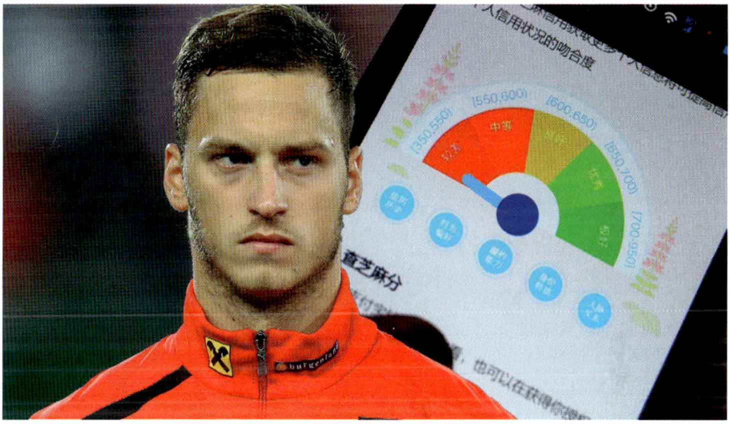

Foto: Michael Kranewitter, Wikimedia Commons, CC-by-sa 4.0 (Montage)

Um 25 Millionen Euro wechselte Marko Arnautovic von West Ham United nach Shanghai in China. Doch die Freude im Reich der Mitte währte nur kurz: Schon zehn Minuten nach seiner Landung auf dem Flughafen brachte Arnautovic das chinesische Social-Credit-System komplett zum Erliegen.

SHANGHAI – Bereits bei der Zollkontrolle sammelt der Wiener Kicker mehr als 200 Negativpunkte: „Oida, was kontrollierst du meine Tasche, du kleiner Chinamann mit Pistole. Ich beiß dir die Zähne ab!", brüllt Arnautovic einen Zollbeamten an.

Nachdem der österreichische Nationalkicker der Duty-free-Mitarbeiterin droht, ihr Leben zu kaufen, weil der goldene Ferrari nicht mit original Leopardenfellsitzen erhältlich ist, schnellt sein Punktestand in Tausenderschritten nach unten. Mehrere Serverzentren in ganz China stehen zu diesem Zeitpunkt bereits in Flammen. Vier Atom-U-Boote nehmen Kurs Richtung Arnautovic.

Revolutionär

Politikexperte Peter Filzmaier jedoch erklärt: „Das Verhalten von Arnautovic wirkt nur oberflächlich betrachtet rüpelhaft, im Kern ist es revolutionär." Millionen Chinesen feiern Arnautovic bereits als ihren Befreier vom Social-Credit-System. „Unser Marko Zedong hat die dystopische Verschränkung von Kapitalismus und Autoritarismus durchbrochen", jubelt ein junger Chinese mit Tränen in den Augen.

Auf den Straßen werden bereits rote „Marko-Bibeln" mit seinen Aphorismen verteilt. In der Stadt Chengdu werden erste Marko-Statuen errichtet.

Drastische Strafen

Im Social-Credit-System ist Arnautovic inzwischen ganz unten angekommen. Die Volksrepublik China bestraft ihn mit drastischen Maßnahmen: „Ich hab' im Restaurant keine Reservierung mehr bekommen. Dabei hab' ich mich schon so auf den Blattgold-Delfin gefreut."

Außerdem, so ein chinesischer Diplomat, drohe Arnautovic beim nächsten Vergehen die Höchststrafe: „Drei Jahre Uiguren-Straflager oder ein Fünf-Jahres-Vertrag bei Rapid Wien."

Kulturrevolution

Die Chinesen erhoffen sich durch die Ankunft von Marko Zedong-Arnautovic eine große Kulturrevolution. „Wir bewundern Markos langen Marsch vom Strafraum zurück bis zur Mittellinie. Nach seinem Fünf-Jahres-Plan wird es hier in Shanghai nicht mehr ausschauen wie in einer turbokapitalistischen Dystopie, sondern endlich wie in einer sozialistischen Utopie, wie in Floridsdorf", freut sich eine junge Studentin.

Nach Haselsteiner-Großspende: Neos müssen bei Strabag am Bau arbeiten

Foto: Depositphotos, Parlament/Photo Simonis (2x), Montage

An die Arbeit heißt es für zahlreiche Neos-Politiker nach der 300 000-Euro-Spende durch Strabag-Oligarch Hans Peter Haselsteiner, der mit der Partei allerdings ein Gegengeschäft vereinbart hat: Die Neos müssen im Sommer bei der Strabag am Bau mithelfen.

WIEN – Mit gefühlten 35 Grad brennt die Sonne bereits um sieben Uhr früh gnadenlos auf den Asphalt der A2. Dienstbeginn für die Neos-Abgeordneten, die heute erstmals etwas anderes als einen Mont-Blanc-Kugelschreiber in Händen halten werden. Im Gegenzug für die Großspende sollen die Neos bis Ende August 48 Autobahnkilometer erneuern.

Holpriger Start

„Hahahaha, was ist das?", fragt Neos-Abgeordneter Gerald Loacker lachend. „Das sind Sicherheitsschuhe", sagt der Polier der Baustelle genervt. „Hahahaha, und was ist das?", fragt Loacker. „Das ist ein Helm, zieh dich bitte einfach an und frag ned deppat!"

Loacker schält sich lachend aus seinem exklusiven Maßanzug, einem Sammlerstück, gefertigt aus echtem Menschenleder von sowjetischen Arbeitern. „Nur eine Frage noch: Was ist das für ein komisches Ding?", lächelt Loacker. „Ein Hammer", seufzt der Polier. „Und bevorst no amoi deppat frogst: Des do am Boden is Staub."

Chef schaut vorbei

„Sir Peter Haselsteiner", wie Haselsteiner sich gerne selbst liebevoll nennt, taucht am Vormittag sogar selbst auf der Baustelle auf. „Ich muss ja schauen, ob meine 300000 gut investiert sind", lacht Haselsteiner, der von einem rumänischen Hilfsarbeiter huckepack über die Baustelle getragen wird.

„Schneller hämmern, Sepperl, schnelleeeer!", feuert der umtriebige Tiroler Oligarch den Neos-Politiker Sepp Schellhorn an. „Super. Und jetzt tanzen. Dreh dich im Kreis. Und sing ‚La Cucaracha!'" Schellhorn bleibt cool, dreht sich, singt, führt aus, was man ihm befiehlt. Auch das ist Politik: Einfach mal tun, was der Sugardaddy mit der großen Brieftasche gerne sehen möchte, aber alles ganz freiwillig, transparent und unabhängig.

„So, und du suchst mir bitte die Gewichte für die Wasserwaage", sagt Haselsteiner zu Claudia Gamon. Diese irrt drei Stunden erfolglos durch die Hitze, während sich Haselsteiner von seinem mobilen Klimagerät – einem rumänischen Hilfsarbeiter mit Fächer – kühlen lässt.

„Wir sind da nicht im Sozialismus"

Der Zwölf-Stunden-Tag neigt sich dem Ende zu. Plötzlich geht ein Raunen durch die Baustelle: Das Arbeitsinspektorat taucht zu einer unangekündigten Kontrolle auf. Alle Arbeiter verstecken sich.

„Ihr mit euren Scheißkontrollen, wir sind da nicht im Sozialismus!", schreit Meinl-Reisinger den Kontrolleuren, völlig dehydriert von der körperlichen Arbeit, hinterher und wird von der „unsichtbaren Hand des Marktes" – einem rumänischen Hilfsarbeiter – in die stabile Seitenlage gelegt.

„Hahahaha, was ist das? Das war da noch nie!", fragt Loacker und greift sich neugierig in die Achseln. „Das ist Schweiß", sagt der Polier. Kurz nach zwanzig Uhr erwacht auch Meinl-Reisinger wieder von ihrem Sonnenstich und trommelt ihre Truppe zusammen. „Achtung, Spendenalarm! Nestlé hat uns gerade 800000 Euro überwiesen. Packt's eure Kulturbeutel ein und ab nach Afrika, Brunnengraben in Sierra Leone!"

Zu großer Andrang: Fanwanderung mit Kurz staut sich bis auf Mount Everest

Foto: Montage

Chaos bei der aktuellen Fanwanderung mit Altkanzler Sebastian Kurz! Der Andrang der Wanderer war laut ÖVP-Quellen so groß, dass sich der Menschenstrom diesmal bis auf den Gipfel des Mount Everest in Nepal zurückstaute.

KATHMANDU/SEEFELD – „80 Millionen Unterstützer, wow, trotz schlechten Wetters", sagt Kurz mit feuchten Augen auf 8848 Metern Höhe, während er mit einem Abakus die Anwesenden nachzählt. „Das toppt noch mal deutlich die 800 bei der Fanwanderung in Tirol."

Bei den Kurz-Anhängern kommen die volksnahen Wanderungen gut an. Unter dem „Sebastian-Kurz-Zielbogen" am Gipfel des Mount Everest liegen zwei erschöpfte, aber glücklich lächelnde Leichen. Kurz kann ihnen den Wunsch nach einem Selfie nicht ausschlagen und posiert mit ihnen.

Ungereimtheiten

Ein Vergleich der unterschiedlichen Bilder wirft Fragen auf. Journalisten von *Krone*, *oe24* und *Heute* kommen zum Schluss: Es waren nicht 80 Millionen Wanderer, sondern 81 Millionen. Auf Bildern einer Bergfex-Kamera sind jedoch nur vierzig Bergsteiger zu sehen, von denen 38 bereits erfroren sind. Bei 35 findet man nepalesische Pässe und Sherpa-Ausweise.

Nur ÖVP-Landeshauptmann Günther Platter und Kurz sieht man lebend am Gipfel. Ein ÖVP-Pressefotograf arrangiert die durchfrorenen Leichen um Sebastian Kurz herum für ein fröhliches Gruppenfoto der fleißigen Gipfelstürmer.

Smalltalk

„Steht auf für Sebastian!", schreit Platter. Einige der Wanderer quälen sich im Todeskampf noch auf die Beine. „Und, habt's scho Mittag g'essn, jo, jo?", fragt Kurz die Leiche eines Sherpas. Um dem Smalltalk mit Kurz zu entkommen, stirbt der Sherpa noch ein zweites Mal.

Lawine

Doch beim Abstieg zum Basislager kommt es zu einem gefährlichen Zwischenfall. Platter und der Pressefotograf werden von einer Lawine verschüttet. Sie haben keine Lawinenairbags dabeigehabt. Sebastian Kurz übersteht den Vorfall wie durch ein Wunder unbeschadet: „Ich hab' zum Glück drei Lawinenairbags dabeigehabt! Was für ein schöner Tag für uns alle, Sportsfreunde!" Zur Feier des Tages geht Kurz mit sich selbst zum Après-Ski in die urige „Edelweißbar Himalaya".

Basilikum drei Tage am Leben erhalten: Studenten-WG bereit für Rettung des Regenwalds

Foto: Pixabay, Montage

So sehen Helden von heute aus: Schon seit drei Tagen gelingt es den Bewohnern einer WG in Wien-Mariahilf, ihre im Supermarkt gekaufte Basilikumpflanze am Leben zu erhalten. Beflügelt durch den Erfolg, fühlen sie sich zu Höherem berufen und sind jetzt bereit, den Regenwald zu retten.

MARIAHILF – „Die anderen twittern nur, aber wir verändern wirklich etwas zum Positiven", sagt Elias-Elias (21) und zeigt uns stolz die lebende Basilikumpflanze. „Ob ich ein Held bin?", fragt er, ohne dass jemand fragt, ob er ein Held sei. „Ich tue doch nur meine Pflicht als Erdenbewohner. Wenn mich das zum Helden macht, dann bin ich wohl einer. Moment, das muss ich kurz tweeten."

Beweis

Ein Botanik-Experte der Uni Wien bestätigt der **TAGESPRESSE**, dass die Pflanze nach wie vor am Leben ist. „Sie wäre am Tag zwei beinahe vertrocknet, aber im letzten Moment wurde sie gegen drei Uhr früh durch einen hoch nahrhaften Sud aus Magensäure und

Gin Tonic gewässert, wodurch sie wieder zu neuem Leben erwacht ist."

Grüne Lunge

WG-Bewohner Flashman (bürgerlicher Name: Sebastian Chowaniec) zeigt sich stolz: „Dieses Ding hier ist die grüne Lunge unserer WG." Flashman beugt sich zur Pflanze und bläst den Zigarettenrauch direkt in die Blätter. „Wird alles absorbiert. Wunder Natur!"

Die „Fridays for Future"-Demos haben Elias-Elias und seine Mitbewohner boykottiert: „Eine aus deren Orga-Team ist mir auf Twitter entfolgt, dann kam es logischerweise zum Bruch, „Fridays for Future" hat keine Zukunft. Nur unser reiner, wahrer, authentischer Aktivismus wird was bewegen", sagt Elias-Elias und putzt sich die Zähne mit einem Birkenast aus dem Innenhof.

„Wenn sich jemand um die Anliegen der südlichen Hemisphäre und der indigenen Bevölkerung kümmern sollte, dann ja wohl privilegierte weiße Dauerstudenten aus Europa", erklärt auch seine Mitbewohnerin Sophie von Gatterburg (34). „Ich hab' nicht umsonst 15 Jahre studiert und den Bachelor of Arts in Kultur- und Sozialanthropologie gemacht. Ich weiß alles auf der Welt."

Verräter

Ein WG-Mitglied wurde jedoch von der Rettung des Regenwalds ausgeschlossen, erzählt Elias-Elias: „Beim Pascal sind wir leider draufgekommen, dass er hinter unserem Rücken ein iPhone bestellt hat, dieser jämmerliche Sklave des Konsumwahnsinns. Seine Ausrede war, dass er seine kranke Mama anrufen will. Irgendwann muss man sich schon entscheiden, entweder Mama oder Mutter Erde!" Aus Umweltschutzgründen will Elias-Elias auf die Anreise per Auto zum Begräbnis seiner Eltern in Gampern verzichten.

„War bis jetzt auf Afterhour“: Haider nach Unfall lebend aufgetaucht

Foto: Gert Eggenberger / APA / picturedesk.com

Jörg Haider ist heute knapp elf Jahre nach seinem Unfall wieder lebend aufgetaucht. Er befand sich laut eigenen Angaben bis jetzt auf einer Afterhour in mehreren Clubs und Wohnungen. Damit dürften alle Verschwörungstheorien wohl ein für alle Mal widerlegt sein.

KLAGENFURT – „Ich bin wieder da“, lächelt Haider. „Bist deppert, die letzten Nächte waren eine orge Session, da haben wir noch mal die Kurve gekriegt. Welches Jahr haben wir? 2009?“, fragt er seine Freunde Muammar al-Gaddafi und Saddam Hussein, die völlig fertig neben ihm sitzen.

„Meine Pupillen sind immer noch groß wie Bowlingkugeln, schau mal“, sagt Gaddafi lachend. Saddam Hussein reibt sich den Bauch: „Gemma noch in mein Erdloch auf eine Eierspeis?“

Heinz-Christian Strache bleibt nun blamiert zurück, nachdem er tags zuvor noch einen politischen Anschlag in den Raum gestellt hatte. „Der Hatze war immer schon ein bissl naiv“, lacht Haider mit einem Reparaturvodka im Anschlag. „Der hat sogar geglaubt, dass der Mossad dieses Mauthausen betrieben hat. Dabei weiß doch jeder, dass es Mauthausen gar nicht gegeben hat.“

Strache lässt nicht locker

Der Influencer und freiberufliche Freeman Strache überrascht nun aber mit einer neuen These: „EILT! EILT!", brüllt er in die Menschenmenge, während er beim McDonald's am Schwedenplatz in der Schlange wartet. „Dieser Pseudo-Möchtegern-Jörgl ist eine Fälschung! Das ist eindeutig ein Echsenmensch, das erkennt man an diesem Echsenmenschen-Reisepass, der bei ihm von mir gefunden worden ist. Ich werde – oh, Nummer 37, ja, der Cheeseburger mit Cappuccino bin ich, danke."

Beweise dazu kann Strache derzeit jedoch nicht vorlegen. „Ich wurde heute Nacht von Aliens entführt, die machen jetzt noch ein paar Versuche mit mir, aber leider hat ein Alien die Beweise gefressen."

„Spuren sichern"

Um das Rätsel endgültig zu klären, lässt Strache Harald Vilimsky den Haider-Unfall nachstellen. Vilimsky freut sich „auf diese spannende Aufgabe". Außerdem verlangt Strache nicht nur die Herausgabe des Bluts von Haider, sondern auch dessen Millionen, „um jeden Zweifel endgültig auszuräumen", wie er bekräftigt.

Zusätzlich ist ein Aufklärungsteam der FPÖ, bestehend aus Strache und dem pensionierten Detektiv Johann Gudenus, damit beschäftigt, an allen Afterhour-Plätzen Haiders mögliche Spuren auf Glastischen persönlich zu sichern.

Für Zielgruppe „Arschlöcher über 45“: BMW präsentiert zweispurigen SUV

Foto: Montage

Große Freude für alle Arschlöcher über 45: BMW präsentierte heute das neue Modell EgoXL, den weltweit ersten zweispurigen SUV. Es ist genau zugeschnitten auf die Ansprüche des älteren, verunsicherten Manns von heute.

MÜNCHEN – „Endlich können Sie den Platz einnehmen, den Ihr Ego braucht, wenn Sie am Fahrradweg gegen die Einbahn mit siebzig Stundenkilometern an der Volksschule vorbei ins Büro fahren“, heißt es im Pressetext von BMW.

Technisches Wunderwerk

Der Wagen wird durch einen Hybridmotor angetrieben, der mit Diesel und den Tränen von asthmatischen Kindern läuft. Sogar der Zigarettenanzünder wird nicht elektronisch, sondern mit Diesel betrieben. Für die Innenbeleuchtung sorgen innovative LED-Öllampen. Damit übertrifft der Schadstoffausstoß des Autos jenen eines chinesischen Kohlekraftwerks aus den 1960ern.

Der intelligente Driving Assistant hält den Wagen immer auf Kurs – Richtung Erfolg. Im „Meeting Modus“ werden lästige Hindernisse wie Passanten ausgeblendet, um eine möglichst schnelle Anfahrt zu einem wichtigen Geschäftsessen im „Le Crétin“ zu gewährleisten. Ein intelligentes Sicherheitssystem fährt vor einer Kollision massive Stahlschilder aus, um die Karosserie vor Fahrrädern, harten Knochen oder Kinderwägen zu schützen.

Künstliche Intelligenz

Auch die Sprachsteuerung des Wagens begeistert und erkennt alle Emotionen der Fahrer: Wut und Hass. Die künstliche Intelligenz reagiert blitzschnell auf Sätze wie „Ich komm fünf Minuten zu spät zum Meeting, ihr Scheißwichser“ und sendet eine Mail mit dem Betreff „Ich komm fünf Minuten zu spät zum Meeting, ihr Scheißwichser“ an alle Mitarbeiter.

Infrarotsensoren erkennen, sobald das Kokain aufhört zu wirken, und fangen den seelischen Verfall des Fahrers mit aufmunternden Worten auf: „Du bist ein toller Mensch. Deine Ex-Frau weiß das nicht zu schätzen. Du brauchst deine Familie eh nicht. Jetzt hast du mich, deinen EgoXL.“ Das Navigationsgerät aktiviert auf Brücken oder neben Klippen automatisch die Lenkradsperre, um tragische Kurzschlusstaten zu verhindern.

Nicht günstig

Zu haben ist der EgoXL laut Listenpreis ab 89 000 Euro, inklusive Hundewelpenledersitzen. Gegen Aufpreis können Käufer noch einen Aufpreis zahlen, um ihr Ego weiter zu vergrößern.

Vogel scheißt in Soda Zitron: Hipsterlokal verrechnet sieben Euro für „Infused Water"

Foto: Depositphotos, Montage

Nachdem ein Gast eines Hipsterlokals in der Wiener Burggasse Vogelkot in seinem Soda Zitron fand, verrechnete der Wirt plötzlich den doppelten Preis. Grund: Durch die eingelegte Vogelscheiße handele es sich bei dem Trendgetränk nun um „Infused Water".

WIEN – Gender-Studies-Studentin Manfred (22) staunte nicht schlecht, als ihr der Wirt ihres Stammlokals in Wien-Neubau heute die Rechnung servierte: „14 Euro für den Avocadotoast, 28 Euro für den Wachtelei-CBD-Cheesecake, 73 Euro für das Gedeck sind ja schön und gut. Aber sieben Euro für das Sozi, in das mir ein Vogel geschissen hat?"

Manfred bemerkte den Irrtum erst zu Hause. „Ich hab' mich dann am Nachmittag aber sofort auf den Weg gemacht zur Schauspielschule, um den Wirt zur Rede zu stellen."

Wirt verteidigt sich

„Was heißt hier Soda Zitron? Sie hatte unser Infused Water Premium Nature Birdy Time", zürnt der Wirt. „Der eingelegte Vogelkot der frei fliegenden Wiener Freilandtaube sondert natürliche Spurenelemente ab, die extrem arge Dinge in deinem Körper auslösen. Das war kein einfaches Soda mehr. Das war pure Gesundheit, da fährt dir die Freiheit die Speiseröhre runter, da spürst du den Adler in deinem Bauch, da stehen deine Blutwerte auf ‚Detox'. So etwas kostet natürlich."

Trend zu Infused Water hält an

Infused Water entwickelt sich immer mehr zu DEM Sommertrend. „Nach Superfood, Craftbier und Fermentiertem haben wir mit dem Infused Water nun etwas ganz Neues am Markt, mit dem wir von Juni bis September unserer Zielgruppe das Taschengeld aus den Stoffbeuteln und Fanny Packs ziehen können", freut sich Dr. Mark Hilton vom Institut für Hipsterverarschung.

Die traditionellen Wiener Kaffeehäuser sehen keinen Bedarf, die Preise für Wasser zu erhöhen: „Bei uns ist und war jedes Water schon immer infused", erklärt Innungsmeister Michael Pretschuh. „Geschirrspülreste im Glas, Spucke vom Kellner, Asche vom Koch. Sie wünschen, wir spielen."

Manfred ist begeistert vom Detox-Effekt des Infused Waters. „Ich habe seit gestern schon fünf Kilo und mehrmals mein Bewusstsein verloren durch unzählige, barbarische Durchfallschübe."

Spendenskandal: ÖVP erhielt offenbar 700 000 illegale chinesische Teigtascherl

Foto: Franz Neumayr / picturedesk.com, Finanzpolizei, Montage

Die Innenpolitik wird von einem neuen Spendenskandal erschüttert. Die Polizei beschlagnahmte heute in der ÖVP-Zentrale 700 000 chinesische Teigtascherl. Mit der Spende wollten sich die Hersteller offenbar politischen Schutz erkaufen.

WIEN – „Wir haben die Verdächtigen in flagranti erwischt. Gernot Blümel hatte noch Sojasoße an den Fingern kleben. Karl Nehammer hat gerade Gesetzestexte in die Glückskekse gepackt. Sebastian Kurz hat sich beim Kochen selbst angepatzt", so ein geschockter Sprecher der Finanzpolizei.

Die Teigtascherl wurden in insgesamt 70 000 Tranchen zu je zehn Stück an die Partei übermittelt. Offenbar wollte man so die Meldungspflicht an den Rechnungshof umgehen.

Kurz irritiert

Sebastian Kurz zeigt sich irritiert über die Vorwürfe: „Viele Freunde meiner Bewegung unterstützen uns mit Teigtascherln. Da ist doch nichts Verwerfliches dabei. Das heißt nicht, dass ich käuflich bin", erklärt der Altkanzler, der derzeit an einer Gesetzesnovelle arbeitet, um die Salzburger Innenstadt an eine chinesische Holdinggesellschaft zu verkaufen.

„Auch dass mein Freund René in Wien gerade ein 490 Meter hohes Luxuskaufhaus in Form eines Teigtascherls plant, ist purer Zufall."

Belastendes Material

Doch der **TAGESPRESSE** zugespielte Rundmails an ÖVP-Mitarbeiter belasten Kurz schwer: „Liebe Kollegen, in der Küche stehen 700 000 Teigtascherl. Ich hab' sie für euch wundersam vermehrt. Mahlzeit! Liegrü, Sebastian."

Die ÖVP bezeichnet die E-Mails als „plumpe Fälschung". Dass angeblich fünf Kühlschränke geschreddert wurden, sei laut Kurz „ein Anpatzversuch der rechtsextremen Schmuddelseite orf.at".

Video-Leak

Auch ein geleaktes Video belastet Kurz. Es zeigt ihn beim Besuch der Teigtascherlfabrik. „Und, habt's scho Mittag g'essn, jo, jo?", fragt Kurz einen ausgebrannten chinesischen Arbeiter, der in einem Selbstmordnetz an der Außenfassade liegt.

Mit offenem Mund verfolgt der Ex-Kanzler die effizienten Arbeitsprozesse und lobt den chinesischen CEO. „In eurem Start-up wird outside-the-box gedacht, die Menschen arbeiten freiwillig 18 Stunden, die sozialistischen Hygienevorschriften aus der Old Economy werden einfach ignoriert, und es wird in einer Wohnung gearbeitet, also quasi Home Office. Ein Traum! Favoriten ist das Silicon Valley Europas."

Bierdeckel verloren: FPÖ-Historikerkommission muss von vorne beginnen

Foto: Die Tagespresse

18 Monate harte Arbeit der Historikerkommission waren umsonst. Der Bierdeckel, auf dem der Bericht verfasst wurde, ging unter ungeklärten Umständen verloren. Jetzt muss die Aufarbeitung der braunen Flecken in der FPÖ von vorne beginnen.

WIEN – „So ein Unglück, und das ausgerechnet vor dem Wahlkampf", zeigt sich Kommissionsleiter Wilhelm Brauneder betrübt. „Wir haben den Bierdeckel überall dorthin mitgenommen, wo wir geforscht haben. In die Burschenschafterbuden, in die Susi Bar am Praterstern, in den Amnesia Club auf Ibiza und ins Centimeter Mauthausen. Jetzt sind leider alle schriftlichen Erkenntnisse weg."

Das letzte Foto, das der **TAGESPRESSE** vorliegt, nütze der Öffentlichkeit wenig, so Brauneder: „Ja klar, auf der Vorderseite ist zwar das Ergebnis zu sehen, aber auf der Rückseite haben wir alle wissenschaftlichen Quellen vermerkt, die wir uns monatelang mühsam im Rausch ausgedacht haben."

Mysteriöser Verlust

Wann und wo der Bierdeckel verloren ging, ist auch für die FPÖ ein Rätsel. „Der Hafenecker hat noch sein Bier oben gehabt. Dann hat der Strache die Tschick drauf ausgedämpft", so FPÖ-Sonderermittler Christian Höbart.

„Gegen vier Uhr früh hat der Kickl sich aus ein paar Deckeln so ein Kartenhaus gebaut, das zusammengefallen ist, weil er darin eine Razzia durchgeführt hat. Danach verliert sich die Spur", erklärt Höbart, der seine Hände an einem gläsernen Aschenbecher reibt, um in die Zukunft zu schauen und die Aufzeichnungen wiederzufinden.

Öffentlicher Hilferuf

FPÖ-Chef Norbert Hofer ruft per Facebook-Video zur gemeinsamen Suche auf. „Bitte helft uns alle, den Bericht zu finden. Und falls du das jetzt siehst, lieber kleiner Bierdeckel, dann bitte geh ins nächste Beisel und melde dich, wir haben dich alle so gern und vermissen dich schon so." Hofer schaut minutenlang in die Kamera und macht dabei das „traurige Gesicht (Variante 63)" aus seinem NLP-Master-Führer 2019.

Neue Kommission

Eine eigens eingesetzte Bierdeckel-Kommission mit hochrangigen Vertretern, die unter den Tischen der renommiertesten Wiener Beiseln gefunden wurden, soll jetzt den Verbleib des Deckels eruieren. Geleitet wird die Kommission von Ursula Stenzel: „Um zu verstehen, wie ein Bierdeckel denkt, bin ich selbst jahrzehntelang regungslos auf Beiseltischen herumgelegen", bekräftigt sie.

Für die kommenden Recherchen verspricht FPÖ-Chef Hofer mehr Sicherheit: „Wir werden so etwas künftig vermeiden, indem wir Back-ups auf Servietten anfertigen."

Notarzthubschrauber rettet Wiener (28) aus WhatsApp-Gruppe mit Verwandten

Foto: Martin Huber / picturedesk.com

In letzter Sekunde gelang Flugrettern des Christophorus-Hubschraubers „C3" die Bergung eines in Not geratenen Wieners aus einer WhatsApp-Gruppe mit seinen Verwandten. Jetzt packt das Opfer gegenüber der TAGESPRESSE erstmals aus.

WIEN – Das Drama begann bereits letzte Woche, als der Student Paul Stanzl (28) durch eine Großtante gegen seinen Willen in die WhatsApp-Gruppe „Family über alles <333" gezwängt wurde. „Ich klemmte mit der Hand am Handy fest, ich konnte nicht vor und zurück", erzählt Stanzl der **TAGESPRESSE** am Spitalsbett von seinem Martyrium. „Ich wollte mir bereits meinen eigenen Arm abschneiden, um mich zu befreien."

Folter

Im Minutentakt erhielt er völlig belanglose Chatnachrichten wie „Alles super, bin gerade mit Gustl in Lainz spazieren. Wetter toll! LG AN ALLE WALPURGI". Auch auf folgende Nachricht seines oberösterreichischen Onkels Hermann (67) reagierte er nicht: „Achtung, in allen Wiener Kindergärten gibt's jetzt Schnitzelverbot!!!!! Unfassbar!! Danke VassilaKUH, ‚Dr.' Michael ‚Islam' Häupl und Herr Israel Silberstein!!!!!!"

Alarmiert wurden die Einsatzkräfte von Freunden von Stanzl, die sich um ihn Sorgen machten, weil er sieben Minuten lang nicht online war. „Wir dachten, er ist tot", erinnert sich Stanzls Freundin Clara.

Auch die WhatsApp-Gruppe machte sich Sorgen und erkundigte sich liebevoll nach ihm. „WO bist du????", „Hast du zugnommen? Du wirst bald so blad wie der Onkel Hermann, halb Mensch, halb Spanferkel, nix für ungut haha ;–)", „Hast du abgnommen? Du schaust aus wie ein heroinsüchtiger Grünwähler, also wie dein Bruder haha, Glg in Psychiatrie lieber Klausi, das wird schon mit dem Entzug, bist ein Spritzentyp ;-)", „Wann gibts endlich Enkelkinder oder stirbst auch mal alleine so wie der Onkel Hermann, nix für ungut Hermann, aber es is so, haha".

Rettung in letzter Sekunde

Als der Notarzt den Mann schließlich in Embryonalstellung vorfand, war sein Körper bereits emotional stark unterkühlt. Vor dem Transport ins Krankenhaus wurde der 28-Jährige durch mehrere Insta-Storys seiner attraktiven Studienkollegin Lisa (22) aus dem Griechenland-Urlaub stabilisiert.

Unklar ist, ob Stanzl jetzt auf den Kosten seiner Rettung sitzen bleibt. „Er war sehr schlecht ausgerüstet", meint Raphael Barth, Sprecher der Wiener Gebietskrankenkasse. „Einfach so in eine WhatsApp-Gruppe hinabsteigen, ohne die Konversation auf ‚Mute' zu stellen, das grenzt an Dummheit."

Beim Versuch, Tirolerisch zu lernen: C-3PO verlernt alle sechs Millionen Sprachen

Foto: Screenshot/YouTube, Montage

Der bekannte Roboter C-3PO kämpft mit einem Schicksalsschlag: Er verlernte alle seine sechs Millionen Fremdsprachen. Ursache ist offenbar ein schwerer Festplattenfehler, ausgelöst durch den Versuch, Tirolerisch zu erlernen.

TATOOINE – Eigentlich hätte es Sprache Nummer 6000001 für den Star-Wars-Darsteller werden sollen, der bisher jede noch so bizarre Aliensprache meistern konnte. Doch die Entscheidung, den Dialekt des abgeschiedenen Bergvolks der Tiroler zu erlernen, erwies sich für das System des Sprachengenies C-3PO als fatal.

Der IT-Techniker Thomas Falkner erklärt der **TAGESPRESSE**: „Die linguistischen Strukturen der Tiroler wirken sich auf eine Festplatte wie Phosphorsäure aus. Um etwa das Vokabel ‚Kaspressknedl' abzuspeichern, müssen zwölf andere gelöscht werden."

Schwierige Diagnose

„Wir haben zuerst gedacht, er hat einen Schlaganfall. Aber er hat offenbar einfach nur Tirolerisch geredet", sagt die behandelnde Ärztin Dr. Andrea Rossmaier, die auch schon Patienten behandelt hat, die Vorarlbergerisch oder das Meidlinger L erlernen wollten.

Seit Tagen liegt C-3PO in einer Art Wachkoma auf einem Spitalsbett. Wie im Wahn wiederholt er immer wieder: „Griaß enk, i bins, da C-3PO, wos kun i für di tuan? Isch des bärig do, tamisch, aschling, fischling, lunzn, losn!“

In den Weiten der Galaxie ist C-3PO mit seinen Tiroler Kenntnissen verloren. Kein bekannter lebender Organismus außerhalb Tirols beherrscht den Dialekt. Damit der Roboter zumindest beim Goldenen Dachl arbeiten kann, versucht ein Mitarbeiter des AMS Imst derzeit, C-3PO in einer Umschulung zum zertifizierten Dachziegel unterzubringen.

Happy End

Um C-3PO aufzumuntern, hat das Ärzteteam um Dr. Rossmaier eine Überraschung eingefädelt: Die Tür geht auf, DJ Ötzi kommt herein, breitet die Arme aus und schreit in einer abstrusen Aliensprache: „Tamisch, aschling, fischling, lunzn, losn!“ Die beiden fallen sich in die Arme.

„Habe von nichts gewusst“: Kurz erfuhr erst aus Medien, dass Strache sein Vize war

Foto: Georges Schneider / picturedesk.com

Schockiert zeigte sich ÖVP-Chef Sebastian Kurz von der Razzia bei Heinz-Christian Strache. Er beteuert, vom mutmaßlichen Postenschacher bei Novomatic sowie den Casinos Austria nichts mitbekommen zu haben und Strache außerdem nur aus den Medien zu kennen.

WIEN – „Postenschacherei in meiner Regierungszeit? In Österreich? Undenkbar! Da wundert man sich, was alles möglich ist“, sagt Kurz nachdenklich. Er bestätigt, Strache „womöglich ein- oder zweimal“ im Ministerrat angetroffen zu haben: „Da waren immer sehr viele verschiedene Leute.“ Er habe jedoch erst heute aus der Zeitung erfahren, dass Strache fast 18 Monate lang sein Vizekanzler war.

Versehen

„Ein Mitarbeiter von mir hat mit diesem Herrn Strache offenbar versehentlich und unter falschem Namen ein Koalitionsabkommen geschmiedet. Er hat sich bereits für seinen Fehler entschuldigt, und damit ist die Sache für mich erledigt“, so Kurz.

Er bezeichnet die Bildung einer Koalition mit einer kriminellen Vereinigung als „ganz normalen Vorgang und schon seit dem Jahr 2000 als gängige Praxis". Er bittet jedoch um Verständnis dafür, dass er nicht alles wissen könne, was seine Mitarbeiter den ganzen Tag machen, da ihn seine eigene Selbstdarstellung voll und ganz auslaste.

Gerüchte

Die Ermittlungen gegen Strache werfen die Frage auf, ob womöglich weitere zwielichtige Personen ohne Wissen von Kurz in der Regierung sitzen. Gerüchte, wonach ein Rechtsextremist sogar das Innenministerium leiten soll und Einsicht in BVT-Ermittlungsakten über die rechte Szene habe, schließt Kurz jedoch aus: „Der FPÖ-Justizsprecher Martin Sellner hat mir versichert, dass da nichts dran ist."

POLITIK 16. August 2019

Neuer Verdächtiger im Ibiza-Video: Justiz sucht spanischen Kameramann Sebastiano Corto

Foto: Depositphotos, Parlamentsdirektion / Photo Simonis, Montage

Die Suche nach den Hintermännern des Ibiza-Videos schreitet voran. Die Polizei auf der Baleareninsel prüft die mögliche Involvierung eines mysteriösen Kameramanns namens Sebastiano Corto. Ist er sogar der gesuchte Drahtzieher?

IBIZA – Die spanische Polizei ging heute erstmals mit Details zum gesuchten Kameramann des Strache-Videos an die Öffentlichkeit. „Der Mann gab sich vor Ort als Sebastiano Corto aus, als er auf dem Flughafen die Koffer und seinen Handschredder aufgab", erklärt der spanische Polizist Luiz Bandero.

„Der Mann ist zwischen einem und drei Metern groß, mehrere Millionen Parteispenden schwer und hat einen nervösen Tick mit seinen Händen." Außerdem wurde Corto dabei beobachtet, wie er wildfremde Leute aus ihrer Siesta wachrüttelte, um sie zu fragen, ob sie schon zu Mittag gegessen hätten.

Verdachtsmomente

Der renommierte Simultanübersetzer Johann Gudenus erinnert sich an den verhängnisvollen Abend: „Ein polyglotter Profi wie ich wird natürlich sofort stutzig, wenn er Spanisch mit Meidlinger-L hört. Dieser komische Tontechniker war ebenfalls sehr verdächtig, ein gewisser Gernoto Blumél. Der wollte ständig mit mir über Kunst und Architektur reden und hat immer wieder gesagt, Señor Gudenus, me gusta la Sagrada Família de René Benko, muy guapa."

Auch nach dem Dreh verhielt sich Corto laut Polizei auffällig. Er lud alle Beteiligten auf mehrere Runden des farb- und geruchlosen Drinks „Cerebro Trituradora" (dt. „Gehirn-Schredder") in den Club Amnesia ein. Da der Verdächtige jede Zeile eines zwanzigminütigen „Despacito (Ibiza Deephouse Remix)" mitsingen konnte, geht die Polizei davon aus, dass es sich bei Corto um einen gebürtigen Spanier handelt.

ÖVP erfreut

In Österreich werden die neuen Entwicklungen begrüßt. ÖVP-Chef Sebastian Kurz zeigt sich erleichtert über die neue Spur: „Ich hoffe natürlich, dass dieser Herr Corto bald gefunden wird. Aber vielleicht ist es jetzt auch Zeit, den Blick nach vorne zu richten, die Wunden heilen zu lassen und der Vergangenheit *¡Adiós!* zu sagen."

Shanghai: Illegale österreichische Schnitzelfabrik ausgehoben

Foto: Brücke-Osteuropa/Wikipedia

In einer Privatwohnung in Shanghai entdeckte die chinesische Polizei heute eine illegale österreichische Schnitzelfabrik. Tausende abgepackte Wiener Schnitzel mit Petersilerdäpfeln und Preiselbeeren wurden sichergestellt.

SHANGHAI – 16 illegal arbeitende Österreicher wurden heute von chinesischen Behörden verhaftet. „Sie sind aus Wien geflohen, weil sie dort zwölf Stunden am Tag in der Gastronomie schuften mussten", erklärt Polizeisprecher Ban Xi. „Hier in China haben sie sich ein besseres Leben erwartet, wurden aber wieder nur ausgenutzt."

Die Arbeiter mussten zu unmenschlichen österreichischen Arbeitsbedingungen jeden Tag Hunderte Schnitzel klopfen und panieren. „Alle waren völlig kaputt von der Sechzig-Stunden-Woche. Um sie zu motivieren, wurde ihnen Tag und Nacht der WKO-Song vorgespielt. Das ist Folter! Wir dulden diese Form der österreichischen Ausbeutung bei uns sicher nicht", sagt der chinesische Arbeitsminister Wan Gang.

Die illegale Schnitzelfabrik wurde sofort geschlossen, ein drei mal drei Meter großes Schwarzweißfoto, auf dem Harald Mahrer mit

Schnitzelhammer und Sichel einen Arbeiter herrichtet, wurde abgehängt und geschreddert.

Foto: Tagespresse, Montage

Missstände

In ersten Labortests wurden massive Mängel festgestellt: „Die Schnitzel entsprechen nicht den österreichischen Qualitätskriterien. Zum Teil wurde statt Kalb auf billigeres Schweinefleisch zurückgegriffen. Außerdem wurden die Schnitzel in Öl ausgebacken statt in Butterschmalz“, ist Ban Xi entsetzt.

Unklarheit herrscht noch über die Auftraggeber: „Die Verdächtigen behaupten, dass sie alle 18000 Schnitzel für eine einzige Reisegruppe aus Wien hergestellt haben, die kommende Woche nach China fliegt“, schüttelt Xi ungläubig den Kopf. „Wir haben den Verdacht, dass die Kriminalität sich jetzt nur verlagert, und suchen deshalb jetzt auch nach illegalen Cordon-bleu-Fabriken, Panierte-Champignons-Werkstätten und Schweinsbraten-Start-ups.“

Mysteriöse russische Oligarchin bietet Strache Job als Chef der FPÖ Nowosibirsk an

Foto: FPÖ, Parlamentsdirektion / Photo Simonis, uskarp/Depositphotos, Montage

Im internen Ringen um die Zukunft von Heinz-Christian Strache zeichnet sich eine Lösung ab: Eine mysteriöse russische Oligarchin bietet dem ehemaligen FPÖ-Chef eine neue Position als Obmann der Freiheitlichen Partei in Nowosibirsk an. Strache will das Angebot annehmen.

SCHWECHAT – Bei einer Pressekonferenz vor dem Check-in-Schalter am Flughafen Wien wurde die Einigung präsentiert: „I have HC Strache so gern“, sagt die Oligarchin, die neben dem frischgebackenen Parteichef der FPÖ Nowosibirsk steht.

„Ich freu’ mich sehr, dass Frau Norberta Hoferova sich nicht durch die durchsichtigen Manöver der roten Silberstein-Justiz blenden lässt wie meine sogenannten Parteifreunde“, so Strache, der bekräftigt, die freiheitliche Gesinnungsgemeinschaft in der sibirischen Stadt bei den kommenden Bürgermeisterwahlen zur stärksten Kraft machen zu wollen.

Keine Falle
Eingefädelt wurde die Beförderung Straches nach Sibirien offenbar von Johann Gudenus – als Wiedergutmachung. Hoferova wollte ursprünglich Grundstücke des ehemaligen Wiener FPÖ-Politikers kaufen. Gudenus glaubt diesmal nicht an eine Falle: „Jedes Kind weiß: Ein Blitz schlägt nie zweimal an derselben Stelle ein. Ich hab' mir diesmal sogar die Zehennägel zeigen lassen, perfekt sauber."

Sicherheits-Check
„Just one more thing", sagt die Oligarchin, „mir ist Sicherheit so wichtig, ich mag das so, wenn ein Flugzeug nicht abstürzt." Sie fordert Strache auf, Handy, Laptop und mobile Festplatte in eine Plastikkiste zu legen. Die Box fährt langsam auf einem Förderband in einen riesigen Schredder. Strache leert den zerkleinerten Elektroschrott in seine Armani-Jeans und flüstert Gudenus zu: „Bist du deppert, die is schoaf!"

Zwischenfall
Bei der Drogenkontrolle kommt es dann zu einem Zwischenfall: Strache hat nichts dabei. Nach kurzer Hektik wird er bei der „Priority Line" mit einem Jahresvorrat Kokain zum Duty-free-Preis versorgt. Erleichtert verabschiedet er sich von Norberta Hoferova, steigt ins Flugzeug und hebt ab.

Während Österreich unter ihm immer kleiner wird, sagt Strache lächelnd: „Zuerst ignorieren sie dich, dann lachen sie über dich, dann bekämpfen sie dich und dann gewinnst du – Zitat des großen Freiheitskämpfers Doktor Jörg Haider."

Enkeltrick: Milliardärin Heidi Horten fällt auf „perfekten Schwiegersohn" rein

Foto: Starpix / picturedesk.com, Wikipedia, Montage

Erneut sorgt ein Enkeltrickbetrug für Aufregung: Die Milliardärswitwe Heidi Horten übergab einem Mann, der sich vor ihr als „perfekter Schwiegersohn" ausgab, mehrere hunderttausend Euro. Das Geld ist die betagte Witwe los, der mutmaßliche Betrüger über alle Berge.

WÖRTHERSEE – Horten erinnert sich im Interview mit der **TAGESPRESSE** an die erste Begegnung: „Er stand auf einmal vor der Tür. Gekampelt, geschnäuzt, feiner Zwirn, so ein fescher Bub", betont die ahnungslose Milliardärin. „Hallo Omi, ich bin's, dein Enkel Basti, hat er gesagt."

Der Täter überreichte ihr einen Strauß türkiser Rosen und umgarnte die schwerreiche Leichtgläubige: „Wir haben Freundlichkeiten ausgetauscht, gemeinsam über die armen Wohnungsnachbarn gelästert, mit ihrer lächerlichen Lidl-Yacht und dem armseligen Privatjet vom Penny."

Dann kam der Betrüger auf den Punkt: Er brauche dringend Geld, um sein Studium abzuschließen, schließlich wolle er etwas Anständiges lernen, da ihm ansonsten nur der Weg in die Politik übrig bliebe.

Immer neue Forderungen

Jeden Monat stand der ominöse „Basti" mit einem neuen Problem vor der Tür. „Leider ist er ein ziemlicher Tollpatsch", lacht Horten. „Ständig ist ihm eine Festplatte kaputtgegangen. Und ohne Festplatte kann man heutzutage ja nicht mehr studieren. Und sein bester Freund, der Heinz-Christian, der ist schwer krank und braucht so ein teures Pulver, das die Krankenkasse leider nicht bezahlt. Den hab' ich natürlich auch unterstützt."

Verdacht

Argwöhnisch wurde die betagte Dame erst, nachdem sie eine knappe Million Euro in handelsüblichen Tranchen am Rechnungshof vorbei überwiesen hatte und sich ihr „Basti" monatelang nicht mehr meldete. „Schrecklich! Er hat fast mein ganzes Vermögen mitgenommen, das sich mein Mann jahrelang mit eigenen Händen hart arisiert hat."

Gutgläubig

Auch wenn Heidi Horten ihr Geld wohl nie wiedersehen wird, glaubt sie weiterhin an die Aufrichtigkeit von „Basti", wie sie den Behörden gegenüber betont: „Ihr werdet's schon sehen, er hat mich nicht vergessen. Spätestens zu Weihnachten steht er vor der Tür mit einem Packerl Mon Chéri und einer Steuersenkung für Reiche, Bussi und baba Basti!"

Statt Grönland: Trump kauft Donauinsel

Foto: Wikipedia

Nachdem es mit Grönland nichts geworden ist, erwarb US-Präsident Donald Trump in einem Impulskauf heute Nacht die Donauinsel. Das beliebte Freizeitparadies wird damit ab sofort US-amerikanisches Hoheitsgebiet.

WASHINGTON – „Unsere Energiesorgen gehören der Vergangenheit an", so Trump, der im Bereich der Imbissstände gigantische Vorkommen an Frittieröl vermutet. Geologen sprechen von weiteren Rohstoffvorkommen und rechnen mit bis zu 29 Tonnen Goldketterln, die derzeit noch unter den Doppelkinnen der Träger verborgen liegen.

Außerdem liege die Insel strategisch günstig zwischen den verfeindeten Regionen Wien und dem Schwellenland Transdanubien. „Der Schurkenstaat Floridsdorf dürfte zwar an der Entwicklung der Atombombe scheitern, aber schon jetzt verfügen sie über Langstreckenkampfhunde", warnt Trump.

Ärger unter Anrainern

Bei den Donauinsulanern selbst stößt der Verkauf auf Widerstand. „Insel muss Insel bleiben", fordert ein wütender FKK-Greis und wirft eine brennende Ottakringer-Dose auf einen Blackhawk-Hubschrauber, der daraufhin in die Donau stürzt.

Stadt jubelt

Begeistert über den Deal ist man dagegen bei der rot-grünen Stadtregierung: „Wir freuen uns, ein weiteres Fleckchen öffentlichen Raums den vertrauenswürdigen Händen eines privaten Immobilien-Entwicklers anzuvertrauen", erklärt ein Rathaus-Sprecher. Statt eines Kaufpreises verhandelte die Stadt Wien ein PR-Gegengeschäft aus: „Wir dürfen die Freiheitsstatue in New York durch eine Statue von Ulli Sima ersetzen."

Reibungslose Einreise

Für die Bewohner der Stadt soll der Übergang möglichst reibungslos gestaltet werden. An den U-Bahn-Stationen Donaumarina und Vorgartenstraße sind zukünftig von allen Fahrgästen vierseitige ESTA-Einreiseformulare auszufüllen. US-Gouverneur wird der 19-jährige Mathew Millner. Der methadonsüchtige rechtsradikale Tätowierlehrling sei perfekt für die Repräsentanz auf der Donauinsel geeignet.

Lösung gegen Kuhattacken: Deutsche Urlauber werden eingezäunt

Foto: Depositphotos

Im Streit um die Verantwortung für Kuhattacken zeichnet sich eine Lösung ab. Um weitere gefährliche Zwischenfälle zu verhindern, werden deutsche Urlauber künftig eingezäunt. Landwirte und Politik sind mit dem Kompromiss zufrieden.

INNSBRUCK – „Deutsche Urlauber sind unberechenbar. Sie gehen einfach mit ihren Wanderflipflops, ihren tödlichen Nordic-Walking-Stöcken und ihrer Herrenmensch-Attitüde durch unsere Weiden, ganz ohne Schutzzaun", zeigt sich Milchkuh Herta besorgt. „Wenn sie Bauchtaschen tragen, sollte man gleich die Flucht antreten. Sie haben einen natürlichen Trieb, diese unter Einsatz ihres Lebens zu beschützen."

Doch das soll sich jetzt ändern. Alle deutschen Touristen müssen ab sofort durch ihre Hoteliers mit einem Sechzig-Volt-Elektrozaun eingezäunt werden. Nach Sonnenuntergang müssen sie dann so wie bisher wieder in ihren Hotelzimmern eingesperrt werden.

„Ich persönlich wäre noch einen Schritt weitergegangen", moniert Herta. „Ich sag' nur Piefkeglocken. So einen Zwanzig-Kilo-Wascher mit Bimmelbommel ums Gnack hängen, damit ich schon von Weitem hör, wann so ein Turbohorst angerauscht kommt."

Bauern erfreut

Die Landwirte zeigen sich erfreut: „Ich muss schon den ganzen Tag jammern über das Wetter, die Milchpreise, die Politik, das Glyphosat, das Glyphosat-Verbot, die Bauernkammer, die Bezirkshauptmannschaft, noch mal über das Wetter, die Verkehrsordnung, die Touristenschwemme, die ausbleibenden Touristen, die vielen Supermärkte, die fehlenden Supermärkte, und dass ich im Lotto nur einen Sechser ohne Zusatzzahl gemacht habe, da kann ich bitte nicht auch noch über die Kuhattacken jammern. Vor allem nicht bei dem Scheißwetter!", zeigt sich Landwirt Florian Bischof grantig erleichtert.

Sollte die Einzäunung keine Besserung bringen, werden einzelne Problempiefkes zum Abschuss durch Zirbenschnaps freigegeben. „I wollt imma schon so an 16-Ender bei mir daham hom", lacht ein Wirt und deutet auf einen deutschen Wanderer mit 16 Nordic-Walking-Stöcken in den Händen.

„Pscht, da drüben is ein Kapitalhirsch", flüstert er und zeigt auf einen Industriemanager mit prächtigem Sechsfachkinn, der auf einer Lichtung im Sonnenschein mit knallrotem Kopf Befehle in ein Bluetooth-Headset schreit.

Ärger

Unter den betroffenen Deutschen herrscht Ärger, wie etwa bei Thorsten und Horstine Schröder aus dem Wuppertal: „Ich glaub', mein Schwein pfeift! Najut. Wenn wir hier im Ösiland nich mehr willkommen sind, dann packen wir eben unsere Hochalpinflipflops in unseren Audi Midlife-Crisis Q9 und wandern nächstes Jahr auf den Mount Everest!"

„Freue mich auf neue, gefährliche Talfahrt“: Hirscher wechselt zur SPÖ

Foto: Andreas Tröster – Bildsymphonie, Parlamentsdirektion / Photo Simonis, Priwo/Wikipedia

Weltcup-Rekordsieger Marcel Hirscher zieht sich aus dem alpinen Skisport zurück. Er bleibt jedoch seiner Leidenschaft auch in Zukunft treu und wird ab sofort für die SPÖ als Quereinsteiger in Rekordzeit talwärts rasen. Das bestätigte er in einer Pressekonferenz heute Vormittag.

WIEN – „Die eisigen Abhänge, der rutschige Slalom zwischen roten und blauen Hohlgefäßen, wo es einen sofort aufhaut, die Zurufer von der Seite, eisiger Gegenwind im Gesicht: Klar wird meine Zeit bei der SPÖ anstrengend“, sagt Hirscher, „aber ich bin bestens vorbereitet.“ Er zeigt Journalisten die Narbe auf seinem Rücken, entstanden durch eine Entnahme des Rückgrates.

Betriebskindergarten

„Bei der SPÖ kann ich sogar mein Baby mit zur Arbeit bringen, das machen hier alle“, freut sich Hirscher und zeigt auf Rendi-Wagner, die versucht, den quengelnden Dornauer davon abzuhalten, mit dem Feuerzeug zu spielen. In der anderen Ecke brüllt Doskozil und schmiert seine braunen Ausscheidungen an die Wände der Parteizentrale.

„Mein Sohn ist jetzt ein Jahr alt. Ich hab' mir schon Sorgen gemacht, ob die unterschiedliche geistige Entwicklungsstufe zum Problem wird", erzählt Hirscher. „Aber nein, überhaupt nicht. Mein Bua lässt gar nicht raushängen, dass er charakterlich reifer ist als die meisten hier."

Inhalte

Nach seinen Inhalten und Themen gefragt, führt Hirscher aus: „Ich war bisher nach außen immer unpolitisch, hab' mich nie öffentlich für irgendwas stark gemacht, hab' jede Kontroverse gemieden. Die SPÖ-Berater haben mir gesagt, wenn ich so weitermach', kann ich noch Parteichef werden."

Compliance

Kopfzerbrechen bereitet der Partei jedoch Hirschers Sponsor, die Raiffeisenbank. „Das können wir ethisch nicht vertreten", erklärt ein Sprecher. Derzeit sondiert man mit potenziellen neuen Sponsoren: der österreichischen Eisenbahn, der russischen Eisenbahn sowie einem von Alfred Gusenbauer geleiteten Hedgefonds aus den Antillen, der hauptsächlich in von Kindern geführte Kobaltminen in Uganda investiert.

Jahrelang verwechselt: US-Kleinstadt Vienna eigentlich lebenswerteste Stadt

Jahrelang brüstete sich Wien mit dem Titel „Lebenswerteste Stadt der Welt". Doch jetzt stellt sich heraus: Es handelt sich um eine Verwechslung. Tatsächlicher Gewinner des *Economist*-Rankings ist schon seit zwei Jahren in Folge die US-Kleinstadt Vienna im Bundesstaat Virginia.

VIENNA, VIRGINIA – Das kleine Städtchen nahe Washington D. C. überzeugte die Tester des britischen *Economist* vor allem mit dem Angebot an Highschools, öffentlichen Bibliotheken und der Anbindung an die Interstate 66. Außerdem fanden im letzten Jahr nur sehr wenige Massenschießereien (13 bis Redaktionsschluss, Anm.) statt.

Wien nicht im Ranking

„Wie bitte? Das österreichische Wien dachte, sie wären auf Platz eins?", lacht ein Vertreter des *Economist*. „Wir konnten in Wien heuer gar keine Studie durchführen, da unsere Analystin auf einem pizzagroßen Hundstrümmerl ausgerutscht, von einem besoffenen Craft-Beer-Shop-Besitzer beschimpft worden und schließlich im

Stehbeisel ‚Zum Fröhlichen Herzkasperl' durch die Rauchschwaden in Ohnmacht gefallen ist." Sie befindet sich derzeit in Vienna, Virginia, auf Kur in der Therme Abovelaa.

Freude in den USA

Mickey Loodwick, Bürgermeister von Vienna im US-Bundesstaat Virginia, freut sich über die Auszeichnung: „Unsere Stadt überzeugt mit ihrer Kaffeehauskultur. Erst letzte Woche eröffnete der Starbucks Landtmann direkt neben dem Starbucks Hawelka." Eine lokale Spezialität ist auch das Vienna Schnitzel, ein in Donuts eingewickeltes und noch mal frittiertes Wiener Schnitzel.

Wien gelassen

In Wien nimmt man die Verwechslung inzwischen gelassen, wie man aus dem Rathaus erfährt. „Ollas Wichser!", so die kurze OTS-Aussendung der Stadt Wien. Bürgermeister Michael Ludwig will Wien endlich an die Spitze inserieren und stellt dem *Economist* Buchungen im zweistelligen Millionenbereich in Aussicht.

Mickey Loodwick sieht der Kampfansage aus Wien gelassen entgegen. „Wir verbessern unsere Lebensqualität in Vienna laufend, auch unseren Problembezirk Floridsvillage werden wir in den Griff bekommen, dann sind wir unschlagbar."

„Wusste nicht, wer das war“: Stenzel verteidigt Teilnahme an Hitler-Rede

Foto: ORF, Montage

Am Wochenende erntete Ursula Stenzel mit ihrer Teilnahme an einer Identitären-Veranstaltung harsche Kritik. Jetzt sorgt neues Bildmaterial für Aufregung: Fotos zeigen die FPÖ-Politikerin auf einer Rede von Adolf Hitler am Heldenplatz 1938. Stenzel schließt einen Rücktritt kategorisch aus.

WIEN – „Ich konnte damals ja nicht wissen, dass dieser freundliche Herr da neben mir, der sehr interessante Informationen über Juden erzählte, charakterlich fragwürdig war“, erklärt Stenzel, als wir sie mit dem Foto konfrontieren.

Die FPÖ-Politikerin ist sich keiner Schuld bewusst: „Man hat mir damals ein christliches Kreuz mit vier dekorativen Haken dran in die Hand gedrückt und mich neben diesen feschen Kampel gestellt, der ein Namensschild trug mit der Aufschrift ‚Adolf Hitler Obernazi‘. Woher hätte ich wissen sollen, dass es sich bei ihm um jemanden mit rechtem Gedankengut handelt?“, fragt Stenzel.

Ihren damaligen Job als nicht amtsführende Gauleiterin von Wien in den Jahren 1938 bis 1945, für den sie 8887 Reichsmark pro Monat erhielt, will sie mit gutem Gewissen ausgeführt haben. „Niemand hat jemals so gewissenhaft und verantwortungsvoll nicht amtsgeführt wie ich", zeigt sich Stenzel stolz.

FPÖ unter Zugzwang

Die pikante Causa bringt FPÖ-Chef Norbert Hofer unter Druck. Schließlich war es ausgerechnet Hofer, der bei seinem Amtsantritt versprochen hat, alle Funktionäre mit Berührungspunkten zum Nationalsozialismus für einige Wochen in den Urlaub zu schicken, um sie danach wieder in ihren alten Posten zu installieren („landbauern").

System

Politexperte Peter Filzmaier hält die Causa Stenzel nicht für einen Einzelfall. „Was wir in der aktuellen politischen Landschaft beobachten, hat System. Stenzel, Hörbiger, Horten. Wir müssen uns als demokratische Gesellschaft die Frage stellen: Wie gefährlich sind reiche, alte Damen wirklich?"

POLITIK 10. September 2019

Unabsichtlich Wien besucht: Wöginger plötzlich links-grüner Heroin-Radfahrer

Foto: Depositphotos, Montage

Am Sonntag warnte ÖVP-Politiker August Wöginger vor den Gefahren von Reisen in die Bundeshauptstadt. Jetzt hat es ihn selbst erwischt: Er wurde nach nur einer Stunde in Wien zu einem linksgrünen Radfahrer mit massiver Heroinsucht.

WIEN – Noch am Wochenende sorgte ÖVP-Kindersprecher und ÖVP-Kinderschreck August Wöginger mit einer Warnung für Aufsehen: „Es kann ja nicht sein, dass unsere Kinder nach Wean fahren und als Grüne zurückkommen“, sagte Wöginger im Interview mit dem investigativen Magazin *Hitler direkt.* „Wer in unserem Keller schläft und isst, der hat auch die ÖVP zu wählen.“

Persönlichkeitswandel

Inzwischen hat es nun aber ausgerechnet Wöginger selbst erwischt. Der ÖVP-Politiker ist nach einem Wien-Ausflug nicht mehr wiederzuerkennen. „Ich liebe Wien, scheiß auf die ganzen Bauern“, lacht Wöginger, pumpt den Reifen seines Rennrads auf und sich Heroin in den Arm. „Ich kann jedem Menschen den Konsum von Heroin empfehlen, auch allen Kindern. Schreiben Sie das!“

Er entfernt den Grünen-Sattelschutz und fährt mit seinem Fahrrad durch die Mahü-Begegnungszone zu einem CBD-Store und danach noch zum Gürtel, um sich vor einem Psy&Goa-Event im Flex noch MDMA, Speed und LSD zu kaufen.

„Am 29. weiß ich, wo ich mein Kreuzerl mach: Vorzugsstimme Kogler!“ Danach muss Wöginger weiter. Flink wirft er sich auf sein Rad: „Ich fahr’ noch a bissl slacklinen mit den Jungs von meiner Grindcore-Band ‚Die Kickl-Ficker‘, dann weiter zum USI-Kurs Jazz Capoeira und zur Daniel-Richter-Klasse auf der Angewandten, ah ja, und am Abend spiel’ ich im Werk noch ein sechsstündiges Set als DJ Gabalier, puh, uranstrengend so ein Leben als linker Zeck, haha, ciao!“

Konsequenzen

In der ÖVP wird derzeit ein Parteiausschluss diskutiert. „Dass Wöginger unabsichtlich einem hitlernahen Magazin Interviews gibt, da will ich jetzt nicht drüber urteilen, das ist uns allen schon mal passiert. Wer kennt das nicht? Aber dass er sich offen für gefährliche Hirngespinste wie Menschenrechte ausspricht, das hat mit unseren

Werten nichts mehr zu tun", so ÖVP-Generalsekretär Karl Nehammer während einer Pressekonferenz in einem laufenden BMW X5.

Familie schockiert

Ist Wöginger für immer an das linke Wien verloren gegangen? Selbst seine Frau erkennt ihn am Telefon nicht wieder: „Er hat gefragt, ob ich vegane Rezepte kenn', ja, vegane Rezepte, das ist einfach nur krank!", weint sie bitterlich, wirft ihre Pfanne auf den Boden und trocknet ihre Wangen mit einem Schnitzel ab. „Das ist nicht mehr mein Gustl!"

WELT 16. September 2019

„Menschheit in Gefahr": UNO warnt vor möglichem Gabalier-Trennungsalbum

Foto: Wikipedia, Bad Kleinkirchheim, Montage

Der UN-Sicherheitsrat schlägt Alarm: Vertreter der Großmächte USA, Russland und China befürchten ein neues Album von Andreas Gabalier, auf dem er die Trennung von seiner Freundin verarbeitet. Die Folgen wären laut Studien katastrophaler als jene des Klimawandels.

NEW YORK – „Bisher haben uns die übermäßige Stickstoffbelastung, das Zerstören von Naturräumen und das Auftauen des Permafrosts das größte Kopfzerbrechen bereitet. Aber ein neues Gabalier-Album, auf dem er seine gescheiterte Beziehung verarbeitet, könnte die Welt am schnellsten zu einem gefährlichen ökologischen Kipppunkt führen“, heißt es in der Erklärung.

Gesundheitsrisiko

Mediziner Dr. Bernhard Bresgen erklärt die Risiken: „Der große Schmalzausstoß vermengt sich in der Luft zu geistigem Smog, der die Gehirnzellen aller Lebewesen mit verkitschter Heterolyrik einlullt und außer Gefecht setzt. Eine mögliche Folge ist ein plötzlicher Hirntod, der sogenannte Schlageranfall.“

Geopolitischer Zündstoff

Auch international zeigen sich Auswirkungen. Gabalier hat auf der ganzen Welt radikale Verbündete, etwa die Hodi-odi-ohh-Rebellen aus dem Jemen, die gestern mit Drohnen ein Treffen saudi-arabischer Feministinnen angegriffen haben.

Die Aktienmärkte in Tokio, Shanghai und London brachen im morgendlichen Handel ein. Die Wiener Börse eröffnete erst gar nicht, sondern schloss die Tore für immer, „weil's eh keinen Sinn mehr hat“, wie ein Sprecher erklärte. Unter Tränen fügt er hinzu: „Aber amoi seg ma uns wieder.“

Geheimplan

Ein geheimer Bericht der CIA sorgt für weitere Panik im Weißen Haus. Auf Gabaliers Handy wurden bereits Pläne für ein siebenminütiges Liebeslied entdeckt, in dem er nackt auf einem Wildschwein durch das Tiroler Hochgebirge in Richtung Sonnenuntergang reitet und mit seinem Penis traurig Ziehharmonika spielt.

Um das Problem nachhaltig in den Griff zu bekommen, empfehlen Umweltschutzorganisationen, als Sofortmaßnahme die weltweite Lederhosen- und Dirndlproduktion auf ein Mindestmaß zu reduzieren. Zudem wird eine Verschrottungsprämie für Ziehharmonikas, karierte Schnäuztücherln und Hirschgeweihe gefordert. Tausende Österreicher tragen heute aus Respekt vor Gabalier ihre Lederhosen auf Halbmast.

StG 77 zu teuer: Bundesheer rüstet um auf StG Supersoaker

Foto: Michael Gruber / EXPA / picturedesk.com, Montage

Das Steyr StG 77 hat ausgedient. Aus Kostengründen setzt das Bundesheer künftig auf das modernere und zugleich günstigere StG Supersoaker. Das neue Waffensystem wird ab 2020 die neue Standardwaffe aller Soldaten.

ALLENTSTEIG – „Mit Luftdruck wird Dihydrogenmonoxid in das Gesicht des Feindes geschossen", erklärt Brigadier Sebastian Trettler bei der Pressevorführung. So wird der Gegner desorientiert und kann dann mithilfe der neuen Bundesheer-Nahkampfzahnstocher überwältigt werden.

Die maximale Reichweite beträgt zwölf Meter. Damit liegt die StG Supersoaker zwar um 2688 Meter knapp unter dem StG 77 – dafür können Spezialeinsatzkräfte wie etwa das Jagdkommando den Tank des StG Supersoaker auch mit biologischen Waffen wie etwa Urin befüllen, führt Brigadier Trettler die taktischen Vorteile der neuen Langwaffe an.

Soldaten verstimmt

Bei den Soldaten kommt das neue StG Supersoaker nicht gut an. „Ich bin nicht zum Bundesheer gegangen für so eine g'schissene

Spritzpistole, sondern um irgendwann mal wen völlig legal umzubringen, klick, klack, Kopfschuss, gute Nacht, verstehst, äh, ich mein' natürlich, um Österreich zu verteidigen, genau, streichen Sie das davor bitte wieder, das war ein kleiner Scherz", lacht Patrick G. (31) nervös.

Auch Offizier Anton H. (39) ist skeptisch: „Das StG Supersoaker steht nicht für unsere Grundwerte: Männlichkeit, Männlichkeit und keine dummen Weiber zu sein, weil wir sind männlich."

Zukunftsfit

Doch zumindest zukunftsfit dürften die Waffen sein. „Die große Herausforderung heißt Klimawandel", so Brigadier Trettler. „Wir sind gerüstet, um Waldbrände zu löschen oder Landrover-SUVs, die sich in der Sonne überhitzen." Außerdem könne man die Supersoakers direkt bei Überschwemmungen im Hochwasser wieder aufladen.

Auch die teuren Handgranaten sollen zukünftig durch kostengünstige Alternativen aus Naturkautschuklatex ersetzt werden. Die neuen Granaten sehen aus wie harmlose kleine Luftballons. Mit Wasser gefüllt und in den Händen eines geübten Soldaten, können sie bei feindlichen Einheiten jedoch für enorme Verluste bei Zigarettenvorräten und für nasse Unterwäsche sorgen. „Ein feuchter Albtraum für jede Truppenmoral", schwärmt Trettler.

Aus Kostengründen steigt das Bundesheer außerdem ab sofort von den Truppentransportern Steyr 12M18 auf gemietete E-Scooter um.

„Hab' ihn so gern": Stalker schleicht in Wohnung von Kurz und legt sich ins Bett

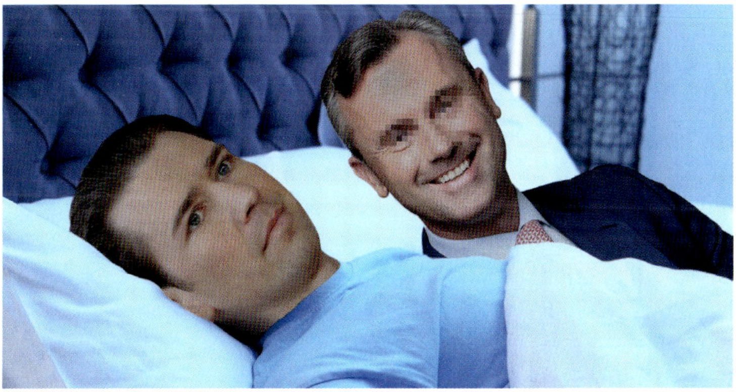

Foto: Depositphotos/Montage

Es ist der Albtraum jedes Politikers: Ein offenbar verwirrter Psychostalker drang heute Nacht in die Wohnung von ÖVP-Chef Sebastian Kurz ein, legte sich neben ihn ins Bett und filmte sich sogar dabei. Die Polizei konnte den Verdächtigen festnehmen.

Großalarm gab es heute Nacht für die Polizei in Meidling im Waldviertel. Ein deutscher Staatsbürger drang bis ins Schlafzimmer von Kurz ein und kuschelte sich an ihn. Dem Ex-Kanzler gelang die Flucht. Der Verdächtige konnte alle Personenschützer umgehen, indem er offenbar mit einem Paragleiter am Dach landete.

„Ich hab' ihn so gern. Wenn Gernhaben schon ein Verbrechen ist, dann bin ich schuldig", erklärte Norbert H. den Polizisten sein Motiv. „Ich hab' mich nur als großes Löffelchen hinter ihn gelegt, weil ich wollte, dass der Sebastian nicht nach links kippt und im Schlaf aus seinem Betti aufs Kopfi fällt."

Bizarre Onlinewelt

Erste Recherchen zeigen: Der kauzige Psychopath Norbert H. verkehrt in einer bizarren Onlinewelt. Für YouTube filmte er sich selbst bei einer abstrusen Paartherapie mit seinem Fantasiefreund. In einem anderen Video verscheucht er in einer Bar rasend vor Eifersucht eine Frau, die mit Kurz flirtet.

„Einen Stalking-Fall mit einem so hohen Aufwand hab' ich noch nie erlebt", sagt die Verhaltenstherapeutin Irina Pschill. „Norbert H. ist der Archetyp des verstoßenen Partners. Er hat seine Zurückweisung nicht verkraftet, schlüpft in die drängend-werbende Rolle und will um jeden Preis eine erneute Beziehung mit diesem Opfer Kurz erzwingen."

Nachbarn fassungslos

In Norbert H.'s Wohnort Pinkafeld ist man fassungslos. „Der Norbi hat immer so nett gegrüßt, er hat uns sogar so kleine Norbeeren geschenkt. Dass der einmal so was macht, ein Wahnsinn! Da haben sich mein Mann Klausi und ich echt gewundert, was alles geht", sagt Nachbarin Ursula K. (78) und schüttelt den Kopf.

Gemeinsame Vergangenheit

Kurz kennt den Mann offenbar persönlich, ab Dezember 2017 gab es sogar eine Art Partnerschaft. „Er hat wohl geglaubt, das ist was Ernstes. In Wirklichkeit bedeutet er mir nichts, ich hab' ihn nur ausgenutzt", erzählt Kurz.

Der Ex-Kanzler ist immer noch geschockt. „Ich würde jetzt gern mit meinem Gesicht und meinen Händen das menschliche Grundgefühl ‚Angst' darstellen, aber meine Berater schlafen leider noch, das holen wir dann alles morgen bei der Pressekonferenz nach."

Hallstatt erst der Anfang: China baut weltbekanntes Waldviertler Meidling nach

Foto: Adrian Michael, Montage

Für Aufsehen sorgte vor einigen Jahren eine exakte Hallstatt-Kopie, die in China angefertigt wurde. Jetzt geht das Land einen Schritt weiter und baut das weltbekannte Waldviertler Meidling nach, jenen kleinen Ort mit weniger als hundert Einwohnern, in dem ÖVP-Chef Sebastian Kurz seine behütete Landjugend verbracht hat.

PEKING – Die Bauherren scheuen keine Kosten und Mühen, um das Stückchen Landidyll in China exakt zu replizieren. „Hier planen wir etwa eine exakte Kopie der Philadelphia-Brücke, unter der der kleine Sebastian damals mit den anderen Bauernbuben Seppl und Franzi den Mädchen Lausbubenstreiche gespielt, ihre Dirndln angepatzt und sich mit Schmutz beworfen hat", erklärt Architekt Wen Xi.

Nicht fehlen darf auch die kleine Dorfdisco „U4", wo Sebastian der Huber Resi zu „Angels" von Robbie Williams seinen ersten Kuss gegeben hat, ehe er die Beziehung nach kurzer Zeit gesprengt hat, weil er gedacht hat, er könne jemand Besseren finden.

Besucher können auch die Meidlinger Hauptstraße entlangschlendern, auf der Sebastian in den Neunzigerjahren jeden Tag, von einer Kuhherde begleitet, sechs Stunden durch die Dunkelheit in die Volksschule gegangen ist. Im Winter lag oft so viel Schnee, dass er von Obdachlosem zu Obdachlosem springen musste, um nicht zu versinken.

Nachbildungen

Besonders akribisch wurde das Lieblingsplatzerl des jungen Politikers nachgebildet: die Schmalspurbahn-Station Längenfeldgasse mit ihren für das Waldviertel typischen Kebabständen und gebrauchtem Spritzbesteck auf dem Boden.

„In lauen Sommernächten hat Kurz mit seinen Freunden hier bis zur Dämmerung ‚Räuber und Gendarm' gespielt – oder wie sie es genannt haben: ‚Sozialleistungsempfänger und Sebastian'", schwärmt Wen Xi und verscheucht mehrere hyperintelligente Robotertauben von einem detailgetreu nachgebauten Bosna-Speibfleck von Kurz aus 2001.

Nicht mehr lange, dann müssen Chinesen endlich nicht mehr die beschwerliche Reise ins entlegene Waldviertel zum kleinen Örtchen am Fuße des Wienflusses antreten. Dann können sie auch daheim auf den Spuren von Sebastian Kurz wandeln und das türkise Landidyll Meidling genießen.

Geheimnis gelüftet: Area 51 versteckt illegale Teigtascherlfabrik

Foto: Wikipedia

Nicht schlecht staunten Teilnehmer des „Area 51 Raids", denen es heute früh gelungen war, in die geheime US-Luftwaffenbasis einzudringen. Sie fanden eine gigantische, illegale Teigtascherlfabrik. Damit ist das Geheimnis um die sagenumwobene Area 51 endgültig gelüftet.

NEVADA, USA – Tausende Teilnehmer des viralen „Storm Area 51"-Events drangen heute in die militärische Sperrzone ein. Doch statt Außerirdischen, geheimen Superwaffen oder neuartigen Kampfjets fanden sie eine geheime Großküche mit Millionen abgepackten Teigtascherln in Tiefkühltruhen.

Ein Sprecher der US-Regierung macht reinen Tisch: „Der Bedarf nach Teigtascherl steigt seit Jahrzehnten an. Aber wir hatten Angst vor einer Razzia des Wiener Marktamts, weil wir keinen Gewerbeschein haben und auch nicht bei der WKO sind." Daher befahl der damalige US-Präsident Eisenhower im Jahr 1955 die Errichtung der Luftwaffenbasis, um die illegalen Aktivitäten vor dem Marktamt zu verstecken.

Falsche Gerüchte

Jahrelang streute die CIA bewusst Gerüchte über Aliens, damit die Kontrolleure keinen Verdacht schöpften. NASA-Techniker entwickelten im Rahmen eines Zwölf-Milliarden-Dollar-Programms eigens fliegende Untertassen, die im Umfeld der Basis Rundflüge absolvierten und Verschwörungstheoretiker in die Irre führten.

Um einen Ausfall der Produktion durch ein Strafverfahren zu vermeiden, befindet sich US-Präsident Donald Trump in seiner Air Force One am Weg nach Wien, wo er beim zuständigen Magistrat einen Antrag auf Betriebsanlagengenehmigung einreichen will.

Bizarrer Fund

In einer geheimen Lagerhalle unterhalb der Großküche machten die Teilnehmer einen weiteren Fund: 3000 Klone von Peter Filzmaier. „Es gibt sogar 4000 Klone, aber 1000 davon sind gerade nicht in der Area 51, sondern auf dem Küniglberg im Einsatz, um alle Wahlduelle zu analysieren", erklärt der Regierungssprecher.

Lösung des Fermi-Paradoxons?

Forscher sehen in dem Teigtascherlfund auch einen neuen Ansatz zur Lösung des Fermi-Paradoxons, jener Frage, wieso Außerirdische noch keinen Kontakt zur Menschheit hergestellt haben.

„Es ist alles ganz logisch", postuliert Astrophysiker Steven Miller vom renommierten MIT. „Aliens vermeiden jeden Kontakt zur Erde, um die Existenz ihrer Teigtascherlfabriken vor dem Wiener Marktamt zu verschleiern." Der Verdacht liegt nahe, dass Milliarden Menschen schon mindestens einmal im Leben ein Alien-Teigtascherl gegessen haben.

Spesenaffäre weitet sich aus: Hofers Gartenzaun verdient 11 000 Euro im Monat

Foto: FPÖ, ORF TVTHek/Screenshot

Die Spesenaffäre in der FPÖ zieht immer weitere Kreise. Jetzt wird bekannt, dass offenbar auch der Gartenzaun von Parteichef Norbert Hofer über ein eigenes Spesenkonto verfügt. Dieses ist mit 11 000 Euro pro Monat üppig dotiert. Die Partei spricht von „normalen monatlichen Ausgaben". Der Zaun schweigt zu den Vorwürfen.

PINKAFELD – „Es handelt sich hier um ganz normale Ausgaben, die man als Gartenzaun eben so hat, zum Beispiel Gastgeschenke für Grill-Delegationen aus umliegenden Gärten, Abwehr gegen linksautonome Tauben und einen 500 Meter langen schwarz-rot-goldenen Gartenschlauch", kalmiert ein Parteisprecher. „Außerdem fallen mehrere tausend Euro Reparaturkosten pro Monat an, weil Hofer regelmäßig auf seinem Rasentraktor mit 140 Stundenkilometern in den Zaun rast."

Luxus

Wie Recherchen der **TAGESPRESSE** ergaben, führte der Zaun anscheinend ein regelrechtes Luxusleben auf Parteikosten. So gönnte er sich nicht nur eine 15 000 Euro teure Mahagoni-Hundeklappe für Hündin Jessy und monatlich neue Wandmalereien durch die internationale Star-Künstlerin Tanja Playner, sondern auch eine sündteure Weihwasserselbstschussanlage aus Lourdes, um islamistische Asylterroristen, die aus dem Islam nach Österreich strömen, fernzuhalten.

Neben Hofers Zaun bezahlte die FPÖ offenbar auch diesen grotesken Gartenzwerg:

Foto: Andy Wenzel/BKA

Die Spesenbelege des Zauns sollen in einer außerordentlichen Sitzung des Präsidiums nach der Wahl geprüft werden. Die Social-Media-Beraterin des Zauns, eine Amsel, die bislang ebenfalls 11 000 Euro pro Monat kassiert hat, ist vorerst beurlaubt worden.

Die Nachricht sorgt für Chaos. Mehrere hundert FPÖ-Wähler werden derzeit in Notfallambulanzen behandelt. Sie mussten sich beim Versuch, ihre Stimme für die FPÖ auch weiterhin zu rechtfertigen, so verbiegen, dass sie einen Gehirnfaserriss erlitten.

„Kriminelles Netzwerk"

Norbert Hofer selbst zeigt sich schockiert: „Ich hab' die Vorwürfe so gern, ich mag das, aber was man auch wissen muss, hinter diesen lieben Vorwürfen steckt ein organisiertes kriminelles Netzwerk, das dieses schöne, liebe Land schon seit Jahrzehnten in seinem eisernen Würgegriff hält. Jemand muss diese FPÖ stoppen!" Der Parteichef betont, man lasse sich jetzt nicht auseinanderdividieren. „Ich habe eine unverhandelbare Koalitionsbedingung: Mein Gartenzaun bekommt das Innenministerium."

POLITIK 27. September 2019

Vom billigen 599-Euro-Friseur verschnitten: Kurz sagt alle Wahlkampftermine ab

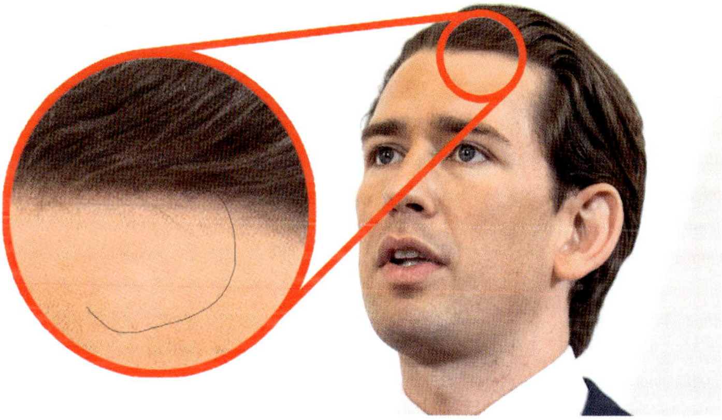

Foto: Arno Melicharek/BKA

Die ÖVP muss den Wahlkampf vorzeitig abbrechen. Bis Montag wird Spitzenkandidat Sebastian Kurz keine weiteren Termine wahrnehmen. Grund dafür ist ein Fehlschnitt eines 599-Euro-Diskontfriseurs, zu dessen Besuch sich Kurz nach der Aufregung rund um seine 600-Euro-Frisur genötigt fühlte.

WIEN – „Unsere Fokusgruppe, bestehend aus zwanzig Döblinger Hofratswitwen, reagierte schockiert auf die Fotos vom Fehlschnitt, auf denen zu sehen ist, wie sich ein zu kurz geschnittenes Haar würdelos auf Sebastians Stirn kräuselt", ist ein Parteistratege erschüttert. Einer betagten Millionärin fiel sogar vor Schreck das Anacondaleder-Scheckbuch ins Beluga-Kaviar-Gulasch.

„Unter diesen Bedingungen kann unser Sebastian seine schauspielerische Leistung leider nicht abrufen, er kann sich zum ersten Mal in seinem Leben nicht mehr in den Spiegel schauen", sagt der Stratege verzweifelt. Kurz hat nach dem Friseurbesuch offenbar die Kontrolle verloren, in einem Wutanfall im Büro 60 000 Kugelschreiber geschreddert, sich die verschnittenen Haare gerauft und immer wieder geschrien: „Ich bin ein Monster, ich bin ein Monster!"

„Dunkle Kräfte"

Die ÖVP sieht bereits erste Hinweise auf die Hintermänner. „Die Hände des dubiosen Billig-Friseurs wurden offensichtlich von dunklen Kräften aus dem Ausland gesteuert. Wir vermuten, Tal Silberstein hat sich mit seiner Judenmagie über einen Server in Frankreich in die Haarschneidemaschine reingehackt", so ÖVP-Generalsekretär Karl Nehammer.

Not-OP

In Argentinien wurde bereits ein Echthaarspender gefunden, dessen Haarfarbe genau der von Kurz gleicht. Derzeit ist ein Chirurg aus Singapur auf dem Weg nach Wien. Er soll in einem dreißigstündigen Eingriff versuchen, das Spenderhaar an das Haupt von Kurz zu transplantieren. Ärzte sprechen von einem „unverantwortlichen, ethisch fragwürdigen Eingriff", der unter Umständen das Leben weiterer Haare gefährden könnte.

Bis zur rettenden OP hat sich der Altkanzler in seine Wohnung zurückgezogen und sitzt dort regungslos vor seinem Lieblingskunstwerk: einem Porträt von Sebastian Kurz, das statt ihm altert.

Für menschliche Haftbedingungen: Strache wählt heute die Grünen

Foto: Andy Wenzel/BKA

Österreich wählt heute einen neuen Nationalrat. Auch Ex-Vizekanzler Heinz-Christian Strache gab bereits seine Stimme ab. Er machte sein Kreuzerl erstmals bei den Grünen, da ihm die schlechten Haftbedingungen in Österreich ein Dorn im Auge sind.

WIEN – „Wo bleibt das Mitgefühl, der Humanismus? Ist das Leben eines Häftlings denn nichts wert?", fragt der ehemalige FPÖ-Chef, während er sich in den Ergebnissen der Google-Bildersuche nach „Krems-Stein" sichtlich betroffen durchklickt.

Erstmals wählt Strache heute die Grünen und hofft auf eine „rot-grün-pinke Koalition der Menschlichkeit, angeführt von der Päm (Rendi-Wagner, Anm. der Red)". Sorgen macht ihm ein möglicher Rechtsruck, wie er betont, während er „Feuer allen Gefängnissen", „Viva, viva, la Anarquía", und „Antifa Ibiza" mit einem roten Edding auf die Toilettentür im Wahllokal schreibt.

Reform

Strache fordert eine umfassende Gefängnisreform. „Es braucht bessere Beschäftigungsmöglichkeiten für Häftlinge, etwa als nicht amtsführender Gefängnisdirektor oder Anstaltszahntechniker." Um eine rasche Resozialisierung sicherzustellen, solle jeder Häftling ein eigenes Spesenkonto bekommen, so Strache.

Auch bei den Haftbedingungen ortet er Defizite und fordert räumlich abgetrennte Raucherbereiche in Gefängniszellen. Außerdem fordert Strache, dass es jedem erlaubt sein sollte, bis zu zwanzig Sporttaschen in die Haftanstalt mitzubringen.

Wandlung

Der einstige rechtspopulistische Politiker scheint wie ausgewechselt. Während er in der Schlange wartet, blättert er gebannt in der Biografie von Nelson Mandela. Die näheren Hintergründe seines Meinungsumschwungs will Strache nicht erläutern. Nach der Stimmabgabe steigt er auf sein E-Bike und verabschiedet sich zum Armani-Store, wo er eine maßgeschneiderte Luxus-Fußfessel bestellen will – „für einen Freund".

POLITIK 29. September 2019

Nach Wahlsieg: Kurz kann sich vorstellen, Regierung mit Grünen zu sprengen

Foto: Herbert Neubauer / APA / picturedesk.com

Die ÖVP geht aus der Nationalratswahl als klarer Sieger hervor. Doch auch das starke Abschneiden der Grünen überrascht. Auf Koalitionsvarianten angesprochen, will sich Sebastian Kurz alle Optionen offenlassen, schließt jedoch nicht aus, eine Regierung mit den Grünen zu sprengen.

WIEN – „Das ist ein klarer Wählerauftrag für mich, monatelang die grünen Einzelfälle in einer großen Geste der Selbstaufopferung runterzuschlucken, ein paar schöne Bilder und Schlagzeilen für meine lieben Sponsoren zu produzieren und, sobald die Umfragen passen, die Grünen abzuschießen, um bei der nächsten Wahl die Absolute zu holen", freut sich Kurz.

Hunderte türkise Sektenmitglieder fallen synchron vor Kurz auf die Knie. „Lasset uns beten und die Ärmel hochkrempeln. Auf uns warten sechs Monate harte Arbeit, wo es darum geht, für Österreich den nächsten Koalitionspartner zu zerstören", so Kurz weiter. Frenetischer Applaus. Die gesamte *Kurier*-Redaktion hyperventiliert vor Glück und muss von Sanitätern in die stabile Seitenlage gebracht werden.

Wahlparty eskaliert

Für seine jubelnden Jünger vermehrt Kurz wundersam ein kleines Bento-Set von Dots Sushi und schenkt aus nur einer einzigen 0,25-Liter-Flasche Moët mehrere hundert Gläser aus. Falter-Chefredakteur Florian Klenk glaubt, einen Schlauch im Anzugärmel von Kurz zu erkennen, und wird von Peter L. Eppinger mit einem Ö3-Scherz ins Koma geschmunzelt.

Während seine Pressesprecher und Personenschützer abgelenkt sind, wird Kurz von Heidi Horten mit den Worten „Es ist Zeit, deine Schulden abzuarbeiten" in den Backstage-Bereich verschleppt.

Grüne offen

Die Grünen zeigen sich in einer ersten Reaktion bereit, über eine mögliche Sprengung zu reden, wie Parteichef Werner Kogler erklärt: „Wir sind gerne bereit, unsere Prinzipien über Bord zu werfen und dann im September 2020 erneut aus dem Parlament zu fliegen, um dann 2025 wieder den Einzug zu schaffen."

Überraschender Erfolg: SPÖ schafft Wiedereinzug in den Nationalrat

Politologen staunen über den sensationellen Erfolg der SPÖ. Der Partei gelang völlig unerwartet der Wiedereinzug in den Nationalrat. Entsprechend ausgelassen feierten die Genossen den Wahlausgang.

WIEN – „Wow, wow, wow! Ich weiß grad gar nicht, was ich sagen soll, 21,8 Prozent, ernsthaft, hahaha", jubelt Parteichefin Pamela Rendi-Wagner in einer ersten Dankesrede bei der SPÖ-Wahlparty auf dem Wiener Zentralfriedhof. „Aber der Wähler hat immer recht, wie man so schön sagt." Im Hintergrund hört man Queen „Is this still real life, or is it fantasy?" aus den Lautsprechern singen.

Zehntausende „Na ja, trotzdem Danke!"-Sticker, die morgen auf alle Wahlplakate geklebt werden hätten sollen, bleiben eingepackt für die kommende Wien-Wahl. Auch die für morgen angesetzte Präsidiumssitzung, in der die Ergebnisse analysiert werden sollten, fällt aus und wird in eine mehrtägige Afterhour in der Dachgeschoß-wohnung von Thomas Drozda umgewandelt.

Doomsday-Szenario

Hinter den Kulissen liefen schon hektische Vorbereitungen für das erwartete Doomsday-Szenario. Siemens hielt mehrere Versorgungsposten bereit, um eine Notversorgung der SPÖ-Funktionäre sicherzustellen. Auch die Suizidnetze an der Fassade der Löwelstraße werden wieder eingerollt.

„Wir haben gedacht, es ist für die Partei fünf vor zwölf, dabei ist es Zeit zum Uhrkaufen", lacht Drozda, während er eine Auster ausschlürft und sich bei einer Dorotheum-Onlineauktion mit einer Patek Philippe Nautilus belohnt.

Politologen überrascht

„Die lustigsten Geschichten schreibt immer noch das Leben. Es gibt anscheinend nichts, was es nicht gibt, das ist unfassbar. Ich hänge hiermit meinen Job an den Nagel", seufzt Peter Filzmaier. Ein ORF-Mitarbeiter öffnet seine Fußfessel und entlässt ihn in die Freiheit.

POLITIK 30. September 2019

„Die Richtung stimmt": Rendi-Wagner geht seit Stunden Rolltreppe verkehrt herum hoch

Foto: Depositphotos, SPÖ, Montage

SPÖ-Chefin Pamela Rendi-Wagner steckt in der Rolltreppe der U-Bahn-Station Schottentor fest. Sie geht schon seit Stunden auf der falschen Seite hoch und behauptet, „die Richtung stimmt". Alle ihre Berater stimmen ihr zu und klatschen.

WIEN – „Nicht mehr lang und die Sozialdemokratie ist wieder ganz oben angelangt", sagt Rendi-Wagner euphorisch, obwohl die Rolltreppe kontinuierlich abwärtsfährt. Dass sie sich seit Stunden nicht vom Fleck bewegt, stört sie nicht: „Ja, ich hätte mir mehr Fortschritt gewünscht, aber ich werde meinen Weg unbeirrt fortsetzen. Ich stelle den Führungsanspruch in Österreich und auf dieser Rolltreppe!"

Thomas Drozda will Pamela Rendi-Wagner aufmunternd auf die Schulter klopfen, verfängt sich dabei mit seinen 17 Rolex-Uhren jedoch unglücklich im Handlauf und wird nach ganz unten gezogen.

Rückenwind

„Pam, der Kurs stimmt" steht auf einem Schild eines verschwitzten SPÖ-Beraters, der mit manischem Lächeln direkt vor Rendi-Wagner die Rolltreppe hochmarschiert. „Die Journalisten behaupten ja, die Rolltreppe bewegt sich abwärts, aber unsere statistischen Auswertungen und strategischen Analysen zeigen, dass die Treppen, die unten im Schlitz verschwinden, wenig später oben wiedererscheinen. Das ist eine Metapher für die stolze Geschichte unserer Bewegung."

Eine SPÖ-Mitarbeiterin beobachtet die Szene seit drei Stunden mit offenem Mund. Immer wieder murmelt sie: „Das ist doch völlig geisteskrank!" Rendi-Wagner winkt ihr zu und schreit: „Hallo? Kannst du mich bitte kurz für Insta filmen, wir sind laut unserem Strategy Paper noch genau zwanzig coole Storys von den dreißig Prozent entfernt."

Parteiinterne Kritik

Skeptisch ist jedoch der Tiroler SPÖ-Chef Georg Dornauer: „So wird das nie was. Wir müssen sofort alle inhaltlichen Kanten von der Rolltreppe abschleifen, damit Rendi-Wagner besser unten im Schlitz durchpasst und dann ganz oben wieder als Siegerin rauskommt", sagt er, kurz bevor er sich von oben die Stufen hinabstürzt, um seine Parteichefin mitzureißen.

Da die gesamte Rolltreppe von der SPÖ verstopft ist, krempelt sich Werner Kogler sein Hemd und seine Hose hoch. Er überholt Rendi-Wagner auf der Treppe daneben zu Fuß und grüßt sie verlegen: „Ah, hallo Pam, du, ähm, ich muss leider weiter zur Afterhour beim … ähhh … Blümel. Aber dir noch viel Glück, gelt."

POLITIK 1. Oktober 2019

„Geht alles auf mich, Burschen": Strache setzt bei Pressekonferenz teuren Wein auf Spesenrechnung

Foto: Helmut Fohringer / APA / picturedesk.com

Mit einer großen Geste beendete Heinz-Christian Strache heute seine politische Karriere. Um zum Abschied mit den Medienvertretern anstoßen zu können, lud er alle Anwesenden nach seiner Rede auf einen großen Umtrunk ein. Dabei zeigte er noch einmal seine großzügige Seite.

WIEN – „Liebe Medienvertreter! Nur diese Flasche Château Mout- …, Mouto- …, Rotwein kann ausdrücken, wie schwer mir dieser Abschied fällt", erklärt Strache, trocknet sich seine feuchten Augen mit einem Taschentuch aus Blattgold und holt eine stark abgenutzte Mastercard Limited Edition Opalstein aus seiner FPÖ-Krokodilleder-Geldtasche.

Wehmütig dekantiert er den Wein. „Viel zu lange im braunen Fass gereift, starker Alkoholgeruch, bitter im Abgang; ich weiß, was mir meine Kritiker vorwerfen werden." Dann nimmt er einen Schluck. „Der korkt. Spritzen Sie mir das mit Red Bull auf."

Gewissensfrage

Vor Journalisten erklärte er seinen Rückzug: „Am Ende war es eine Entscheidung des Gewissens. Es hat mich berührt, zu sehen, wie die SPÖ nach ihren Fehlern geschlossen die Politik verlässt und im Boden verschwindet. Ich will es ihr gleichmachen."

Großzügigkeit wird innerhalb der Familie Strache offenbar großgeschrieben. Während der Konferenz stößt Straches Frau Philippa dazu und bringt den Journalisten selbst gemachte Kaviartaschen, die sie ehrenamtlich gebacken hat. „Ich verrechne der Partei natürlich nur Material, Transport, Arbeitszeit und meine neue Designerküche aus Mailand", erklärt sie und wischt sich erschöpft die Hände an ihrer Prada-Küchenschürze ab.

Parteikollegen entsetzt

Zeitgleich tobt man bei der FPÖ. „Eine Linie ist überschritten", sagte Norbert Hofer ungewöhnlich scharf in Richtung seines ehemaligen Weggefährten. „Es gibt innerhalb der freiheitlichen Gesinnungsfamilie eine strikte Compliance-Regel, die nicht gebrochen werden darf: Wenn du irgendwo ein Besäufnis auf Parteikosten veranstaltest, sind alle anderen Funktionäre einzuladen."

Turbulenzen

Gegen Ende der Veranstaltung ruft ein Bankangestellter bei Strache an. Seine Ausgaben der letzten Tage versetzten die Finanzmärkte in Turbulenzen und ließen den Euro um zehn Prozent gegenüber dem Dollar absacken. Die FPÖ gilt aufgrund der hohen Spesenrechnung mittlerweile als „too big to fail". Um einen Zusammenbruch des Finanzsystems zu vermeiden, schnürt der Internationale Währungsfonds derzeit einen Notkredit für die Partei.

Die Wahlmotive: Wer wen warum gewählt hat

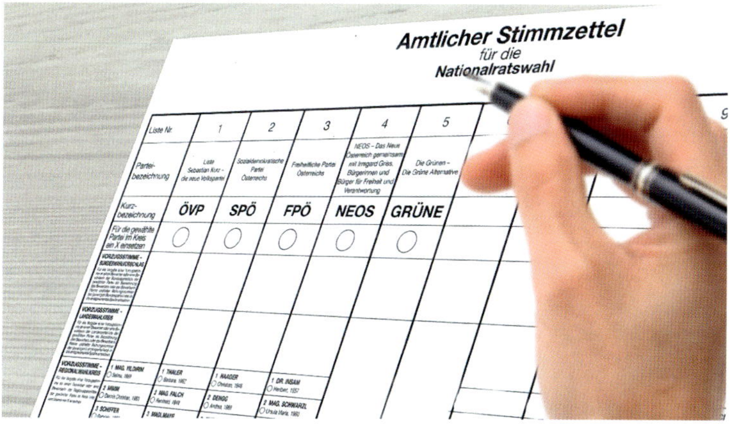

Foto: Tagespresse

Österreich hat gewählt. Unser Politroboter Filzmaier 3000 hat die Wahlmotive für DiETAGESPRESSE analysiert und die drei meistgenannten Gründe für jede Partei aufgelistet.

„Warum haben Sie die ÖVP gewählt?"

- Weil sich Parteispenden wieder lohnen müssen.
- Die letzte Regierung war eine Katastrophe, Österreich braucht frischen Wind.
- Der Basti ist mein Enkerl.

„Warum haben Sie die SPÖ gewählt?"

- Ich will ein Zeichen setzen gegen den Rechtspopulisten Sebastian Kurz.
- Ich will ein Zeichen setzen gegen den Rechtspopulisten Hans Peter Doskozil.
- Ich bin wie schon mein Großvater und mein Vater ein glühender Masochist.

„Warum haben Sie die FPÖ gewählt?“

- Das Ibiza-Video hat mir so gut gefallen, ich freu mich schon jetzt auf „Ibiza-Video II – Jetzt wird geheiratet“.
- Die Islamisierung hat mein Leben zerstört, ich hab’ seit über vierzig Minuten kein Schnitzel gegessen.
- Wegen die Ausländer.

„Warum haben Sie die Grünen gewählt?“

- Weil coole Umhängetaschen für eine gesunde Demokratie unverzichtbar sind.
- Ich wollte die Grünen ins Parlament wählen, damit ich sie nächstes Mal erneut rausschmeißen kann und sie es vielleicht dann endlich kapieren.
- Ich fürchte mich vor dem Klimawandel, weil meine Dachgeschoßwohnung in Neubau im Sommer immer so heiß wird.

„Warum haben Sie die Neos gewählt?“

- Der Haselsteiner soll endlich wieder mehr Aufträge bekommen.
- Ich würde gerne mehr Miete zahlen.
- Uns steht das Wasser bis zum Hals, wir sollten es privatisieren.

„Warum haben Sie die Liste Pilz gewählt?“

- Ich bin Peter Pilz.
- Ich bin Maria Stern.

(dritter Grund entfällt aus Mangel an Auskunftspersonen)

Vorbild Philippa: Immer mehr Jugendliche wollen sich plötzlich ehrenamtlich engagieren

Foto: Michael Gruber / EXPA / picturedesk.com

Schon seit Jahren engagiert sich Philippa Strache als ehrenamtliche Tierschutzsprecherin der FPÖ. Ihr einziger Lohn: nichts als die Gewissheit, etwas für Tiere getan zu haben, und 9500 Euro. Immer mehr junge Menschen lassen sich von dieser selbstlosen Geste inspirieren. Sie krempeln die Ärmel hoch und wollen sich jetzt ebenfalls für die gute Sache engagieren.

WIEN – Vor der Rot-Kreuz-Zentrale in Erdberg tummelt sich bereits am frühen Morgen ein Heer an Freiwilligen, wie etwa WU-Student Julius (21). „Ich möchte etwas zurückgeben", sagt er, „und zwar meine Wiener-Linien-Jahreskarte. Weil wenn ich mit dem Roten Kreuz erst mal dick im Geschäft bin, fahr ich AMG, Bruder!"

Inspirieren in ihrem Edelmut ließen sich Julian und die anderen Freiwilligen von Tieraktivistin Philippa Strache. Unermüdlich lässt sie sich seit Jahren ehrenamtlich beim Tierestreicheln fotografieren – gegen einen kleinen Unkostenbeitrag. Julian schwärmt: „Philippa tut Gutes und bekommt so viel zurück. Das muss dieses Karma sein, von dem alle reden."

Einfaches Leben

Wir besuchen Philippa Strache in ihrer Wahlheimat Klosterneuburg, wo sie einen einfachen Landsitz bewohnt. „Sehen Sie, man muss was beitragen, auch wenn man selbst nur wenig hat. Mein Gatte ist Beamter und wurde kürzlich in die Frühpension zwangsversetzt. Da arbeitet man fleißig und am Schluss heißt's: außer Spesen nichts gewesen."

Auch sonst führen die Straches ein beschauliches Frühpensionistenleben. „Wir sind ein ganz normales, langweiliges Paar. An einem gemütlichen Sonntagnachmittag setz' auch ich mich gern auf mein Sofa, hol' das Nähzeug heraus und spinne konstruierte Neiddebatten."

Während des Interviews erscheinen aus dem umliegenden Wald plötzlich Hunderte Rehe im Garten der Straches. In einem bewegenden Moment senken sie ihre Geweihe vor Philippa, um ihr für ihren Kampf zu danken. Ein Schmetterling landet auf ihrem Haar. „Wow, du bist aber schön!" Mit einem Handgriff fängt Philippa ihn ein. „Dich näh' ich auf meine Handtasche!"

Kämpferin

Mit ihrer Selbstlosigkeit tritt Philippa Strache vielen auf die Füße. Manche werfen ihr Scheinheiligkeit und sogar finanzielle Interessen vor, doch die Kämpferin bleibt cool und richtet ihren Kritikern aus: „Erst wenn das letzte Spesenkonto geplündert, der letzte Mietzuschuss gestrichen und das letzte Mandat abgelaufen ist, werde ich merken, dass mir Tiere völlig blunzen sind."

Inhalt